持続可能な社会のための環境教育シリーズ〔9〕

学校一斉休校は正しかったのか？

―検証・新型コロナと教育

水谷哲也／朝岡幸彦 編著
阿部　治／朝岡幸彦 監修

筑波書房

はじめに

新型コロナウイルスを巡る社会の動きは目まぐるしく変化している。本稿を入稿する2021年３月末の段階では、２度目の緊急事態宣言が解除され、例年よりも早く満開になった桜を楽しむ人々の姿が報道され、日本中が少し賑わしくなってきている。そして、１月の感染者数をピークに減少してきた第三波は下げ止まりになり、再び感染者数は増加する傾向にある。これを報道ではリバウンドと呼んで警戒を強めている。また、2020年末から日本に侵入した英国などの変異株は徐々に感染を拡大している。日本の場合には第１から第三波に対する対策は基本的に同じである。経済を回しながら感染者数を爆発的に増やさないという方針だ。国民は三密を避けてマスクや手洗いなどを実施しながら社会生活を送っている。このような中、新型コロナウイルスの感染拡大は私たちが利用する公共機関の在り方を見直す機会となった。

このような観点から、本書ではまず学校の一斉休校が正しかったのかについて検証していく。そのとき教育委員会はどのような判断をしたのかについても言及する。さらに、公民館、図書館、博物館、美術館、動物園、水族館、屋外教育施設や自然学校についても章を設けて詳しく解説していく。これらの教育機関はだれもが一つ以上利用しているものであり、私たちの社会生活に欠かせない施設である。これまでのウイルス感染症は医療だけを考えていれば解決できたといっても過言ではない。しかし、新型コロナウイルス感染症では医療はもちろんのこと、社会、経済、教育、倫理などで解決しなければならない問題を生み出している。本書では、そのとき、だれが、どのように判断していたかを明らかにして、正しい判断とは何かを問うていきたいと考え、その分野の専門家に執筆をお願いした。これからも続くコロナ禍における様々な問題の解決の一助になれば幸いである。

（水谷 哲也）

目　次

序章　新型コロナウイルスの特徴と学校における防疫と対応

水谷 哲也・古谷 哲也・佐藤 葉子

1　新型コロナウイルスの発生と拡大

（1）新型コロナウイルス感染症のはじまり

新型コロナウイルス感染症はどのように発生したのだろうか。どのように世界に感染拡大していったのだろうか。発生当時の中国を振り返りながら、新型コロナウイルスとは何者なのかを考察していく（**図序-1**）。

中国武漢市で最初の感染者が認められたのは2019年12月８日とされている。諸説あるが武漢華南海鮮卸売市場の付近で患者が発生したと考えられている。この市場は海鮮だけではなく野生動物も販売されており、のちに中国疾病予

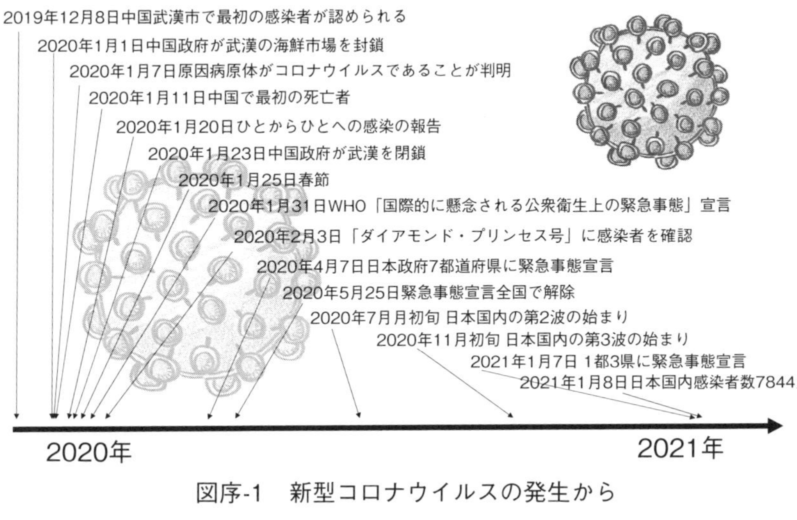
2019年12月8日中国武漢市で最初の感染者が認められる
2020年1月1日中国政府が武漢の海鮮市場を封鎖
2020年1月7日原因病原体がコロナウイルスであることが判明
2020年1月11日中国で最初の死亡者
2020年1月20日ひとからひとへの感染の報告
2020年1月23日中国政府が武漢を閉鎖
2020年1月25日春節
2020年1月31日WHO「国際的に懸念される公衆衛生上の緊急事態」宣言
2020年2月3日「ダイアモンド・プリンセス号」に感染者を確認
2020年4月7日日本政府7都道府県に緊急事態宣言
2020年5月25日緊急事態宣言全国で解除
2020年7月月初旬 日本国内の第2波の始まり
2020年11月初旬 日本国内の第3波の始まり
2021年1月7日 1都3県に緊急事態宣言
2021年1月8日日本国内感染者数7844人
2020年
2021年

図序-1　新型コロナウイルスの発生から

防管理センターはこの市場で採取したサンプルから新型コロナウイルスを検出している。中国政府は2020年１月１日にこの海鮮市場を封鎖していることから新型コロナウイルス感染症にとって重要な場所であることに違いはない。ただし、最初の感染者はこの海鮮市場を訪れていなかったという報道もあることを付け加えておく。また、同時多発的に新型コロナウイルス感染症が発生した可能性も考えられる。感染症が顕在化するということはすでにその地域で流行していることを意味しており、イタリアやアメリカでは最初の感染報告よりも、少なくとも１カ月前にこれらの国に新型コロナウイルスが侵入していたことが明らかになっている。おそらく中国でも2019年12月８日以前に、一定数のひとに感染していたものと考えられる。この頃はインフルエンザのシーズンに突入していたこともあり、新型のウイルスの出現はわかりにくかったのかもしれない。

（2）新型コロナウイルスの発見

2020年１月７日には原因病原体がコロナウイルスであることが判明した。一般論であるが、感染症と考えられる患者からは複数の病原体が検出されることがある。どの病原体がその感染症の原因であるかを確定する必要がある。科学的には「コッホの４原則」に当てはめることになる。簡単に書くと、患者から分離した病原体を実験動物に接種して患者と同じような症状が顕われ、この動物からもう一度病原体が分離されることを証明できれば、その病原体はその疾患の原因であるということができる。新型コロナウイルスの場合は、どのように原因ウイルスとして確定されたのか明らかになっていない。おそらく、咽頭拭い液などの電子顕微鏡写真からコロナウイルスの存在を証明し、培養細胞を用いてウイルス分離を試み、培養上清から次世代シーケンサーによるメタゲノム解析を行った結果、SARS-CoV（SARSコロナウイルス）に似たウイルスの存在が明らかになったと推測される。このゲノム情報からPCR検出系を確立し、その当時の患者の咽頭拭い液を検査するとどの患者も陽性になったと考えられる。

日本では新型コロナウイルスと呼んでいるが、ウイルス学では「SARS-CoV-2」と記載される。つまり、新型コロナウイルスはSARS-CoVの２型という位置づけなのである。一方、日本では病名を新型コロナウイルス感染症と呼んでいるが（報道では新型コロナウイルスと呼んでウイルス名と病名が混同して使われているケースもある）、「COVID-19」が正式名称である。いつまでも新型コロナウイルスと呼んでいると、次のコロナウイルスが出現したときにどのように呼ぶべきかという問題が生じるかもしれない。ここでは日本的に新型コロナウイルスおよび新型コロナウイルス感染症と表記することにした。

（3）新型コロナウイルス感染症の拡大

2020年１月11日に中国で最初の死亡者が出たとされている。この頃から世界各国で感染者が報告され始める。中国以外で最初に感染者が報告された国はタイである。日本でも１月16日に武漢から帰国したひとが感染していることが明らかになった。いまでこそ、ひとからひとに感染することは当たり前のことであるが、この当時は野生動物が感染源になってひとに感染してくると考えられていた。その理由は新型コロナウイルスの発生が武漢市の海鮮市場の野生動物と考えられていたことが関係しているのかもしれない。野生動物に接触したひとのみが感染しているという認識であった。野生動物からひとに感染するウイルス感染症のうち重篤な呼吸器感染症を起こすトリインフルエンザウイルスやMERS-CoVは、ひとからひとへの感染が成立しにくいという前例をふまえてのことかもしれない。トリインフルエンザウイルスは野鳥などから、MERS-CoVはヒトコブラクダから感染するが、濃厚接触でのみひとからひとへの感染が成立する。新型コロナウイルスも当初はこのような性質をもったウイルスと考えられていた。実際にひとからひとへの感染が報告されたのは１月20日のことであった。

このように新型コロナウイルスの感染拡大は2019年末から始まっていたのかもしれないが、目に見えた感染拡大は中国の春節が契機となったと考えられている。ひとからひとへ感染することが明らかになった1月20日の2日後、中国政府は新型コロナウイルス感染症を法定伝染病として定めることにより法的な整備を整え、翌日の1月23日には武漢市の閉鎖を始めた。1月24日は春節の大晦日にあたり、中国で最もひとが移動する日である。この大移動により500万人以上が武漢市の外に出たといわれている。武漢市ではすでに3,000人以上の感染者が報告されていたので、この移動により世界的に感染が拡大したことは間違いない。中国政府がもう少し早く武漢市を閉鎖していれば、現在の状況は変わったのでないかという考え方もある。しかし、春節の大移動は新型コロナウイルス感染症の感染拡大のブースターになったと考えるのが妥当である。それ以前から武漢市民の各国への移動により感染は静かに拡大していたと考えられる。

(4) 新型コロナウイルスの日本への侵入

2020年1月29日武漢市からのチャーター便が到着し、日本人の間でも新型コロナウイルス感染症に対する意識が高まってきた。1月31日にはWHOが「国際的に懸念される公衆衛生上の緊急事態」(PHEIC) の宣言を出した。本来、この緊急事態宣言は非常に重要な意味を持っている。なぜならば、WHOは加盟している国に対して予防・監視・制御・対策の法的拘束力をもって実施できるからである。また、WHOは出入国制限も勧告できるのである。しかし、各国の情勢や思惑などもありWHOによる統制は困難を極めているのが現状といえる。日本ではこの緊急事態宣言を受けて、新型コロナウイルス感染症を感染症法の「指定感染症」として施行を開始した。これにより、日本でもこの感染症が法的根拠を持って取り扱われることになったのである。

2020年2月3日には英国籍のクルーズ船「ダイヤモンド・プリンセス号」に新型コロナウイルスの感染者が乗船していることが判明し、日本中の注目が集まることになった。2月19日に乗客の下船が始まったが、その間にも航空便での感染者の入国は許し感染の拡大に寄与していたと考えられる。クルーズ船の報道のさなかの2月8日には武漢市在住の日本人の死亡が報道され、

２月13日には日本でも初めての死亡者が出た。そして、２月27日に日本政府が全国の小中高等学校へ臨時休校を要請することになった。ダイヤモンド・プリンセス号の報道から私たちが学んだことは、新型コロナウイルス感染は、閉鎖空間における感染に特に注意するべきであるということであった。このあと「三密」を避けるという標語が一般的に使われるようになった。

（５）日本の第三波を分析する

現在（２月末）に至るまで日本は３つの波に襲われ、２回の緊急事態宣言を出すことになった。新型コロナウイルス感染症を巡る状況は刻一刻と変化している。ここでは第三波の部分を切り取って、どのような状況にあるのかを解説したい。感染者数をPCR陽性者数として記述していく。PCR陽性者を感染者としてカウントするのは誤りという意見もあるが、それでは何をもって感染者と定義できるのかという問題がある。新型コロナウイルス感染症では無症状感染者も少なからず存在していることから、発症者だけが感染者ではない。今のところ、PCR陽性者を感染者としてカウントするのが正しいと考えられる。

日本における第三波の始まりは、2020年11月初旬のことであった。それまで日本の感染者数は１日あたり1,000人を切っていたが、11月初旬から1,000人を超える日が増え下旬には3,000人に迫る勢いとなった。そして、年末から年始にかけて感染者数は急増し、2021年１月８日に7,844人の感染者が報告された。この日をピークにして感染者数は徐々に減少していくことになる。この現象は実効再生産数（１人が平均何人に感染させるか）も１を切ってきたことからも裏づけられている。この実効再生産数は１以上で感染の増加、１以下になると収束することになる。第三波がピークになる年末年始のころに日本にも英国型の変異ウイルスが侵入してきたとみられ、緊張が走った。英国型変異ウイルスは感染力が増しているというのが特徴なので、このまま感染者が増加することが懸念されていた。その後、変異株は国内でも広がりを見せたが、感染者数には影響しなかったようである（当時の状況）。第三波の特徴は、医療関係施設や福祉施設でのクラスター発生が目立ったことである。80から90代の新規感染者が増えてしまったために、全体の感染者数が減少しても重症患者と死亡者が増えてしまった。新型コロナウイルス感染症は、このように高齢者の致死率が高いので、ワクチン接種を高齢者に徹底することにより高齢者の死亡者数を減らし、全体の致死率を下げていくという対策が正しいと考えられる。新型コロナウイルス感染症では、20代の感染者数が多いというのも特徴である。この世代は大学生を中心に構成されているために、大学教育はリモート授業を中心に行われることになった。

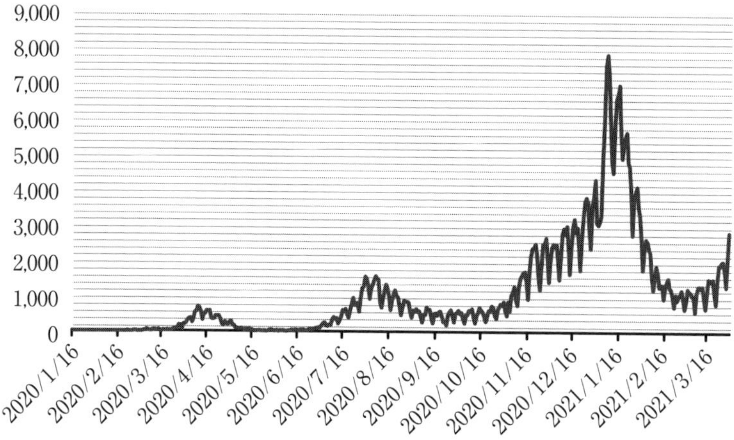

参照：厚生労働省オープンデータ

図序-2　PCR 検査陽性者数の推移

※新型コロナウイルス感染症の初めての患者は2019年12月に中国の武漢市で発生した。その後、日本に侵入し2020年4月頃に第一波を迎え、8月頃に第二波が襲った。そして、呼吸器感染症は冬季に感染者数が増える傾向があるので11月頃から第三波を経験することになった。この第三波も1月をピークに感染者数は減少していった。第一波よりも第二波、第三波と感染者数が多くなっている。しかし、日本の場合には感染者数が増加してから1、2か月でピークを迎え減少していくという傾向がある。アメリカ合衆国や英国でも1月の感染者数をピークに減少し、世界全体の感染者数は減る傾向にある（増加している国もあるので注意が必要である）。そして、日本は3月下旬から再び増加傾向にある。その陰には2020年末に日本に侵入した英国などの変異株の感染拡大があるのかもしれない。これを報道ではリバウンドと呼んでいるが、第四波になる可能性は否定できない。まだまだ予断を許さない状況である。

2　新型コロナウイルスとは何か

（1）新型コロナウイルスを正しく知ること

ここからは、新型コロナウイルス感染症で問題となった「変異」を中心に、ウイルス感染症学の立場から執筆を進めていくことにする。WHOが「ワクチンがゲームチェンジャーになる」という見解を示しているように、ワクチン接種の普及が感染者数を減らすことができ、大学教育再開への可能性を開くと考えられる。しかし、新型コロナウイルスの変異がワクチンの効果に影響することも懸念されることから、変異について詳細に理解することも重要なことである。

新型コロナウイルスの変異を理解するために、このウイルスのウイルス学的な特徴についての説明が必要である。ウイルス学と聞いただけで敬遠さる方もいるかもしれない。2020年には「正しく知って、正しく怖れよ」という言葉が流行した。正しく知るためには、どこかの時点でウイルス学にまで踏み込んで知識を得る必要がある。この機会に新型コロナウイルスの正体を理解していただきたい。

（2）ウイルス粒子を理解する

新型コロナウイルスはSARS-CoVの２型と述べた。このことは新型コロナウイルスというものは未知のウイルスではなく、その性質はSARS-CoVを踏襲していることを示している。大雑把なとらえ方としては、SARS-CoVが弱毒化したのが新型コロナウイルスであるといえるだろう。弱毒化といっても一般のウイルス感染症に比べると致死率は高い（2021年２月初旬時点で世界の致死率は２％以上）。新型コロナウイルスのウイルス粒子は極めてシンプルな構造である。２次元で描くと円を描いて、その周りに小さな円をびっしりと配置するだけである。実際に新型コロナウイルスの粒子を構成している蛋白質は、スパイク蛋白質・メンブレン蛋白質・エンベロープ蛋白質だけである（**図序-3**）。正確に記述するならば、私たちの細胞の膜もウイルス粒子に含まれている。この中にヌクレオキャプシド蛋白質とウイルスゲノムが含まれているのである。私たちはこんなに単純な構造物に翻弄されているのである。

ウイルス粒子を構成する蛋白質にはそれぞれの機能があるのだが、新型コロナウイルスを正しく知るための最低限覚えておくべきことだけを書いておく。メンブレン蛋白質とエンベロープ蛋白質は、ウイルス粒子を球形に形作るために必要な蛋白質である。骨組みの役割を果たしているのだ。ヌクレオキャプシド蛋白質は、ウイルスゲノムを保護する役割を担っている。ウイルス粒子を構成する蛋白質の中で、私たちが考えなければならないのはスパイク蛋白質だけである。スパイク蛋白質は円を描いたときに回りに配置する小さな円である。コロナウイルスはその電子顕微鏡写真が太陽のコロナに似ていることから名付けられたが、このスパイク蛋白質があるために太陽のコロナのようになっているのである。ウイルス粒子の表面では３つのスパイク蛋白質が絡み合っている。その先端には受容体結合領域という細胞の受容体と結合する部分がある。この部分の変異はワクチンの効果に影響する。

（3）ウイルスと受容体の関係

ウイルスが細胞に感染するときの説明として、鍵と鍵穴に例えられることが多い。確かに鍵は鍵穴に正確に合致しなければ開かないので、ウイルスの宿主特異性（ウイルスと感染する生物種の関係）を説明するには便利である。しかし、実際にはスパイク蛋白質は鍵のように先端がとがっているのではなく、細胞側の受容体にも穴が開いているわけではない。むしろ、スパイク蛋白質も受容体も接する面同士で結合すると考えられている（**図序-3**：この図ではわかりやすくするために鍵と鍵穴で表現している）。専門用語を避けて記述すると、スパイク蛋白質と受容体の間にはいくつかの引きあう力が生じているのである。鍵と鍵穴の関係で説明すると、新型コロナウイルスが変異して鍵の部分が形を変えた場合に、なぜ鍵穴に入るのかが説明できなくなる。

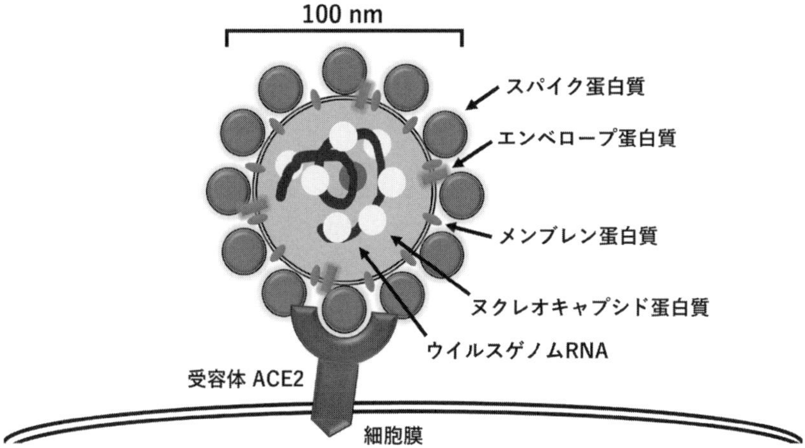

図序-3　新型ウイルスの粒子構造

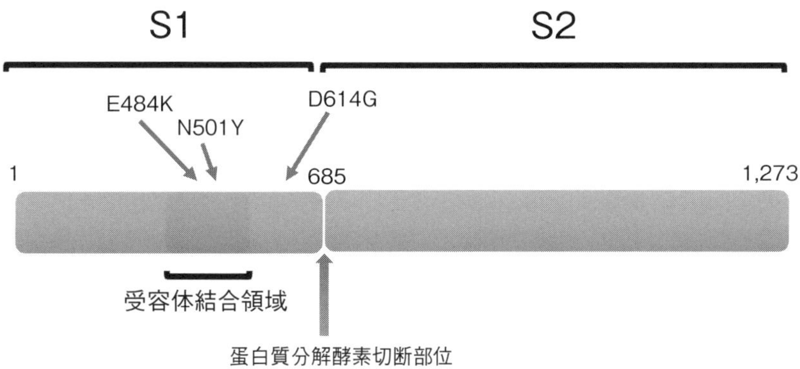

図序-4　スパイク蛋白質の変異場所

私たちの知る鍵と鍵穴は厳密に合致しているので、鍵が変わると開けられなくなると考えるのが普通である。しかし、接する面同士の引きあう力という考え方なら変異することで感染力が変わることを説明できる。イギリス型の変異の特徴は、スパイク蛋白質の受容体結合領域の501番目のアミノ酸の変異である（**図序-4**）。この変異により受容体との引きあう力が増強されることになり、ウイルスが細胞に感染しやすくなったと考えられる。ここで注意したいことは、変異により受容体との引きあう力はまだまだ増強される余地を残していることである。

（4）中和抗体が働いて防御する

ウイルスが感染すると、私たちの体は抗体を作る。その中でウイルスの感染を阻止できる抗体を中和抗体と呼んでいる。つまり、私たちの体内ではひとつのウイルスに対して複数の抗体を作るのである。もしウイルスに対してたったひとつの抗体しかできないのであれば、ウイルスが変異して抗体から逃避（エスケープ）すると私たちはウイルスの感染を防ぐことができないのである。私たちの体は複数の抗体を用意することにより、ウイルスの変異に対抗しているのである。中和抗体は受容体結合領域に結合する抗体である（**図序-5**）。厳密にはスパイク蛋白質の受容体結合領域以外のどこかに結合して全体の立体構造を変えてしまう中和抗体もあるが、ここではそのような中和抗体を考えないことにする。中和抗体がスパイク蛋白質の受容体結合領域に結合すると、受容体への結合を邪魔するのでウイルスが感染できなくなるこ

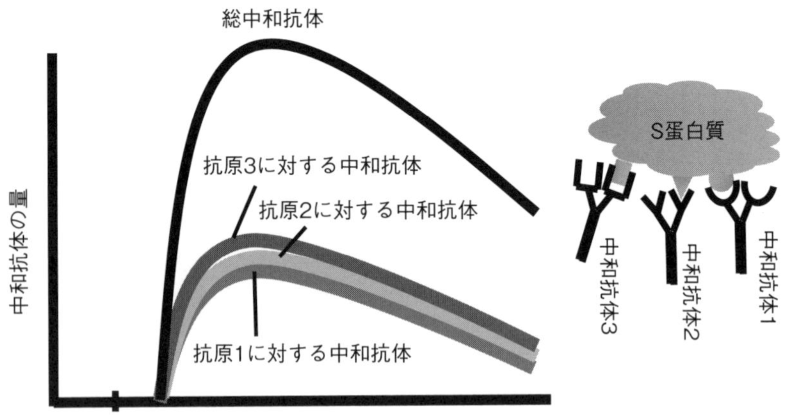

図序-5　中和抗体の産生

とは容易に想像できる。ファイザー社やモデルナ社のmRNAワクチンはこの受容体結合領域の部分を細胞内で作らせることにより、中和抗体の産生を誘導するという効果を狙っている。

(5)「変異」のメカニズムを理解する

新型コロナウイルスの発生当初から「変異」について盛んに報道されていた。変異という響きには、独特の恐怖感があるのかもしれない。ウイルス学的にはウイルスが変異するのは当然のことである。逆に変異しにくいウイルスは、ヘルペスウイルスのように三叉神経節の奥深く潜ることにより免疫から逃れる術を使って生き残るのである。このように変異とは宿主の免疫から逃れる手段のひとつである。また、ウイルスの子孫を増やすためにより感染力の高いウイルスに変異することもある。変異には大きく分けて３つの形態がある。もっとも起こりやすい変異は、点変異である。2020年の夏頃に新型コロナウイルスは武漢型から欧州型に変異が起こったことが話題になった。これはウイルス粒子の表面に突き出ているスパイク蛋白質の614番目のアミノ酸がアスパラギン酸からグリシンに変異（D614G）に変異したことを示している（**図序-4**）。この変異はスパイク蛋白質に構造変化をもたらすことにより感染力を強めたといわれている。

このようにゲノムの一点に変異が起こり、それがアミノ酸の変異に反映されたものを「非同義置換の点変異」と呼んでいる。しかし、すべての変異が必ずしもウイルスの能力に反映されるものではない。ゲノムの一点が変異しても、アミノ酸に変異が起こらないことも多い（同義置換という）。ウイルスにとって蛋白質の構造を変えることは、一種の賭けともいえる。なぜならば、変異はウイルスにとって必ずしも有利に働くわけではないからである。むしろ変異することにより感染できなくなったり、感染力が落ちるウイルスが産生されると考えるのが一般的である。私たちは変異の結果生き残ったウイルスを見ているのであり、生き残れなかったウイルスは人知れず姿を消していると考えられている。新型コロナウイルスでは点変異の他にもアミノ酸の欠失がみられる。いまのところ、アミノ酸が挿入されたウイルスは発見されていない。これらの変異も点変異と同様の変化がウイルスに起こる。新型コロナウイルスでは感染力が増すと感染者数を増やすので、変異ウイルスとして発見されることになる。感染者数を増やすということは重症者数を増やすことになるので、医療体制のひっ迫を招くことになりかねない。また、全体の感染者数が増えれば、これまで未成年には感染しにくいと考えられていた新型コロナウイルスも小中高校生への感染者数も増やすことになる。では感染力が増すとは、どのような状態なのであろうか。上述のようにウイルスの細胞への感染はよく鍵と鍵穴に例えられるが、実際には接する面同士の引きあう力と考えた方が良い。新型コロナウイルスはACE2（アンギオテンシン変換酵素２）を受容体として使っている。アミノ酸の変異は単にアミノ酸の種類が変わることで立体構造に変化が起こるだけではなく、電荷も変化することになる。感染力が増すということはアミノ酸の電荷が変異することにより、より結合する力が増したと言い換えることができる。

（6）変異を修復できる新型コロナウイルス

これまでのところ、変異により強毒になったという報告はない。しかし、現実には強毒株も出現していると考えた方が良い。新型コロナウイルスに対する特効薬はまだないが、免疫抑制剤などの対処療法はすでに確立されている。重症化した患者は病院に隔離され手厚い治療を受けるとともに、院内感染しないように細心の注意が払われる。したがって、強毒株が出現したとしても感染は拡大しないと考えられる。それでは、新型コロナウイルスの変異株はどのように発生してくるのであろうか。変異はウイルスゲノムが複製する（コピーする）ときのエラーである。もちろん、ウイルスが意思を持って変異するのではない。コロナウイルスはRNAウイルスの中でも群を抜いてゲノムが長いために、そのゲノム情報を維持するために修復酵素を持つに至ったといわれている。したがって、コロナウイルス以外のRNAウイルスは、修復酵素を持たないために変異がはいると修復できない。コロナウイルスは変異に対する修復酵素を持つとはいえ、変異が入らないと宿主の免疫システムに駆逐されてしまう。したがって、緩い変異修復を行うことができると考えてよい。ゲノムへの変異はランダムに入ると考えられており、変異の結果、これまでのウイルスよりも優位に立つにいたった（感染力の増強など）場合に顕在化してくる。

3　新型コロナウイルスのワクチン

（1）変異とワクチンの有効性

ウイルスに変異が入ることによって人類が最も困ることは、ワクチンが効かなくなることであろう。これが現在最も心配されていることである。上述のようにウイルスに感染して回復したひとには、必ず中和抗体ができている。宿主はウイルスの蛋白質の多くの箇所に対して抗体を産生する。その中でもウイルスの感染を止めることができるのが、中和抗体である。新型コロナウイルスではウイルス粒子の表面に突き出ているスパイク蛋白質の受容体結合領域に複数の抗体がつくられる。これらの抗体がスパイク蛋白質に結合することにより受容体への結合が妨げられる。これが「感染の中和」である。ブラジルや南アフリカ共和国で出現した変異には受容体結合領域にE484Kという変異が入っている（**図序-4**）。これはスパイク蛋白質の484番目のアミノ酸であるグルタミン酸がリシンに変化したという意味である。この変異により、中和抗体が結合しにくくなる可能性がある。しかし、中和抗体は受容体結合領域の１か所に作られるのではなく、複数の中和抗体ができるのである（**図序-5**）。ウイルスは変異を繰り返すので１か所だけに中和抗体ができるのでは、なんとも心もとない話になってしまう。

ウイルスの変異に備えて、私たちの身体は複数の箇所に対する中和抗体を作ってくれているのである。したがって、ブラジルや南アフリカ共和国のような中和抗体に関与する１か所に変異が起こったとしても、他の中和抗体が感染を防御してくれることになる。しかし、戦力の減少は否めないので中和活性は減少することになる。現行のワクチンは、ブラジルや南アフリカ共和国のような変異が入る前のウイルスに対して開発されている。したがって、これらのワクチンは有効ではあるが、効きが悪くなるという心配はある。私たちが最も注意しなければならないことは、中和抗体が認識する受容体結合領域に複数の変異が入ってくることである。最悪のシナリオは変異が重なることで、ワクチンによる中和抗体が全く働かなくなることである。そのためにも、変異を予測したワクチンを開発しておくことが重要な課題となり、実際に行われている。

（2）企業主導のワクチン開発競争

2021年２月初旬、世界の新型コロナウイルスワクチンの接種回数が感染者の総数を上回ったという報道があった。中国で最初の感染が報告されてから１年以内に治験を終えて、多くの人に接種されたワクチンはこれまでに存在しなかった。今回のワクチン開発の特徴について述べていきたい。モデルナ社やファイザー社のmRNAワクチンは初めての試みである。これらの企業ではすでに別の疾患を対象にしたこれらの技術を使ったワクチンの治験が行われていたので、技術は確立されていたといえる。一方、アストラゼネカ社のアデノウイルスワクチンは古くから研究されていたワクチンであり、すでにエボラ出血熱のワクチンとして承認されているが、大規模な接種に使われるのは初めてのことである。これまでワクチンといえば不活化ワクチンか弱毒化生ワクチンであった。インフルエンザのワクチンはサブユニットワクチンと呼ばれ、インフルエンザウイルスの蛋白質の一部を抽出したものなので、広義の不活化ワクチンといえる。

新型コロナウイルス感染症は、ワクチンの在り方にイノベーションを起こした。ワクチンがゲームチェンジャーになれば、今後別のウイルスに対してmRNAやアデノウイルスワクチンが使われることになるであろう。これらのワクチンが１年以内に治験を終えて医療の現場に投入されるというのも、異例のことである。ワクチンは健康な人に接種するので副反応を厳密に抑える必要がある。また、年齢、性別、人種などによる効果の違いも、あらかじめ検討される。他のワクチンとの併用による効果の増減を知っておく必要がある。このようにワクチンは効果と安全性についての厳密な治験が実施されてから接種が始まるのである。今後、緊急の場合を除いて短期間での承認はないと考えられるが、通常のワクチン承認までの期間はある程度短くなるだろう。

新型コロナウイルス感染症のワクチン開発をリードしてきたのは製薬などの企業である。SARSのときにもワクチン開発は盛んに行われていた。しかし、大学や研究機関が中心になっていたので基礎研究の域を出ることはなかった。その意味でSARSのときにはワクチン開発ではなく、ワクチン研究と書くのが正しい。一方、新型コロナウイルス感染症では企業が主導してワクチンを開発している。企業がワクチンを開発するときにどれだけの利益を計算していたのかは不明であるが、世界の人口78億人に１回接種するとしてもその利益はかなり大きい。感染症を利益に換算することは憚られるが、大学や研究所主導のワクチンでは安定した大量生産は望めないので、企業主導のワクチン開発は正しい道であったと考えられる。さらに、治験の途中段階も論文という形で報告されたことも特徴的あり、これまでにはないことである。

（3）ワクチンの副反応について考える

このように期待をもって接種が始まったワクチンだが、その一方では不安な声も聞かれる。たとえば「本当に安全なのか」「治験ではわからなかった副反応があるのではないか」などである。治験の段階では数万人規模に接種されただけなので、接種人数が多くなれば副反応が明らかになると考えるのは正しい。しかし、冷静に考えるならば2021年２月初旬の段階で１億人以上に接種され、アナフィラキシーなどの全ての種のワクチンで起り得るような副反応の報告はあるものの、重大な副反応の報告はほとんどない。したがって、現時点では当初心配されていたような副反応は起こさないと考えられる。

そして現行のワクチンの持続期間が注目されている。一般に、弱毒生ワクチンの効果は20年近く持続すると考えられている。不活化ワクチンはそれよりも短く、mRNAワクチンはさらに短い期間の効果であることが予想されている。ここまではワクチンによる中和抗体の産生を中心に解説してきたが、現行のワクチンの治験に関する論文では細胞性免疫も誘導されることが示されている。細胞性免疫は、いわゆる傷害性T細胞（キラー T細胞）が働き、ウイルスに感染した細胞を破壊する役割を担っている。このように免疫とは様々な担当細胞が多角的にウイルスを攻撃するので、仮に変異が起こることで中和抗体の働きが減弱することになっても、細胞性免疫がこれを補ってくれるのである。現時点ではこれらの免疫がトータルでどれくらいの期間抗ウイルス作用を持続するかわかっていないので、ワクチン接種後定期的に抗体価などを測定して、何年に１度接種するかを決定していくことになる。

（4）「致死率を下げる」ことが重要

ウイルス学的な立場から、今後の新型コロナウイルスの終息までのシナリオについて述べていく。あくまでも執筆時（2021年２月中旬）の予測であり、今後の状況により違う方向に向かうかもしれないことをご承知おきいただきたい。日本では２月中旬から医療関係者を中心にワクチン接種が開始された。その後は、高齢者へのワクチン接種を徹底できるかが、致死率を下げるための鍵となる。これまで感染力を増加させた変異株の出現は、100万人以上の感染者を出した国から発生している。執筆時の日本における感染者総数は約41万人である。日本でも感染者総数が100万人に達しないように、ワクチン接種を中心とした政策が必要である。日本では2021年３月に第三波が収まり、緊急事態宣言も解除された。

もしオリンピックが開催されることになれば、選手団だけでも１万人を超える外国人が訪日することになる。さらに外国からの観客を入れることになると、一気に各国の変異株が日本に流入することになるかもしれない。そのときに日本ではどれくらいの割合でワクチンが接種されているかが感染者数に影響してくることであろう。もしオリンピックが開催されず、空港における検疫が強化されたままという前提ならば、感染者は増えないかもしれない。高齢者へのワクチン接種は致死率を下げることになる。現在の20分の１の致死率（約0.1％）まで下がれば季節性のインフルエンザと同じになり、国民の心情も変わることであろう。

インフルエンザは個人病院の迅速検査（イムノクロマト）、治療薬（タミフルなど複数）、ワクチンが用意されている珍しいウイルス感染症である。言い換えると、あらゆる病院においてわずか10分でインフルエンザウイルスを検出でき、かなりの効果がある治療薬が処方され、国民の約半数がワクチンを接種していても、国民の約１割が感染し0.1％が死亡してしまうのである。インフルエンザウイルスと新型コロナウイルスは全く異なるウイルスなので一概に比較できないが、新型コロナウイルスにおいても致死率を0.1％まで下げることは容易なことではない。しかし、希望的観測として高齢者へのワクチン接種が徹底されると、その効果は年末には現れてくると考えられる。冬季は粘膜の乾燥や免疫力の低下などにより呼吸器感染症が流行しやすいので、新型コロナウイルスも2021年の年末には再び感染者数が増加してくるはずである。その前にどれだけの国民にワクチンを接種できるかが重要となる。

もうひとつ重要なことは、20代の感染者数を減らすことである。全体のワクチン政策は医療従事者、高齢者、基礎疾患を持っている人を中心に接種を進めるのが正しい。しかし、全体の感染者を減らすためには、20代の若者への積極的なワクチン接種を進めることも重要である。2021年２月現在の20代の感染者数は約９万人で、80代の約３倍である。20代感染者の約９割は軽症か無症状なので、どうしても感染を拡げてしまうことになる。そして、これからの日本を背負うのは20代を中心とした世代である。20代の人たちが感染症を拡げないようにしながら、これらの若者自身に日本の未来の舵取りを任せるような政策があっても良いのではないかと考えるところである。

（5）感染症法による新型コロナウイルスの位置づけ

ここで新型コロナウイルスの法律的な位置づけを確認しておこう。人に感染する重要な感染症は「感染症の予防及び感染症の患者に対する医療に関する法律」(以下「感染症法」)の指定感染症として指定され、2020年２月１日に施行された。感染症法は人に感染する重要な感染症を、感染力・症状などの危険度に応じて１類から５類に分類している。新型コロナウイルスは当初、その特徴や危険度などに不明な点があったために、原則１年、最長２年を限度とする「指定感染症」に分類された。新型コロナウイルス感染症は、コロナウイルス感染症のSARSやMERSなどが属する２類に相当することを前提に規定されている。今回の新型コロナウイルスに関する措置のなかで２類感染症と異なる点は、「無症状病原体保有者への適用」である。また、新たに建物の立ち入り制限・封鎖、交通の制限、発生・実施する措置等の公表、健康状態の報告、外出自粛等の要請、都道府県による経過報告などが追加された。感染症法では生物テロに使用される恐れのある病原体について、病原体の管理を強化するために一種から四種病原体を特定している。新型コロナウイルスは「第四種病原体」に指定されている。四種病原体は病原体の所持にあたり、大臣などの許可を必要としていない。バイオセーフティーレベルは３に規定されている。

4　学校や教育機関における防疫と対応

(1) これからの大学でのリモート授業

2021年現在、各大学における対策にはリモート授業が取り入れられている。これは、対面授業によるクラスターを発生させないためには、最善の策であると考えられる。もちろん、現時点でも対面授業を重視している大学もあるので、ここでは一般論として述べていくことにする。

リモート授業が実施されるときに、懸念されていたことがいくつかある。大学生がインターネットを滞りなく使える環境を持っているか、テストはどのようにしておこなうのか、対面授業に特有の身振りや表情などによるコミュニケーションの欠如の影響はないか、などである。十分なWiFi環境を使えない者、パソコンやタブレットを持っていない者に対しては大学側から機器の貸し出しなどで、ある程度の対応しているようである。テストも教科書や辞書を持ち込みできるレベルの難易度に上げることや、短時間で答えさせる問題にするなど、教員側の工夫も見られる。理系科目の実験・実習についても、１回あたりの学生数を減らして密にならないようにするなどの工夫がされている。学生の側からみると、大学へ登校する機会が少ないので友人など横の関係を作りにくいこと、部活動やサークル活動が制限されるので先輩後輩といった縦のつながりが希薄になってしまうことがデメリットであろう。

大学では教育が最重要であるが、友人たちとの楽しい大学生活の思い出や大学で作る人脈は、その後の人生やキャリアの大きなメリットになる。また、大学時代は社会に出る前の人格形成の大切な時期ともいえる。今後、リモートを中心に授業を組み立てるときには、これらのことを考えておく必要がある。さらに、教員はリモート授業のツールを最大限に利用して、リモート授業によってより高い教育効果が得られるよう努力する必要がある。その一方で、新型コロナウイルス感染症が終息しても、リモート授業は残ると考えられる。リモート授業は教員にとっても学生にとっても、時間を有効に使えるというメリットがある。教員は授業を録画しておき、学生は自分の好きな時間に授業を受けることのできるシステムならなおさらだ。加えて、チャットやオンラインクイズを利用した、対面授業ではできなかったような双方向の教育を行うことも可能である。さらに、レポートのオンライン提出などの、これまでにも可能であった場合もあったがあまり広がっていなかった学生と教員双方にとってメリットのある教育の効率化をこの機会に進めることもできる。このように、終息後もリモートと対面の授業が併用されることを前提にして、大学における感染症対策を考えてみよう。

（2）リモート授業のメリットを生かすために必要なこと

学生の登校は、ワクチン接種が前提になる可能性が高いと考えられる。一度感染した人も１回のワクチン接種を受けることが推奨されている。しかし、感染した人には抗体ができているのでウイルス学の立場からいえば、少なくとも一定期間はワクチン接種の必要はない。一方、ワクチンを接種しても感染してしまうひとは存在する。ワクチンの治験の段階でわかっていることは、mRNAワクチンは約95％の有効率があることだ。有効率とは、ワクチンを接種していない人と比較して接種した人は95％感染を防御できることを示している。95％の有効率があるワクチンはかなり優秀である。わずか１年足らずでこれほどの有効率を示したことは、今後のワクチン開発事情を大きく変えることであろう。インフルエンザワクチンの有効率は国や年齢によって異なるが、最大60％といわれている。一方、麻疹ワクチンも95％前後の有効率である。少しあいまいな表現になるが、登校してくる学生が１度感染した経験があるか、ワクチンを接種している場合には、ほとんどの学生は感染に対して防御できる免疫を持っていることになる。冷静に考えるとわかることだが、仮にワクチンを接種したにもかかわらず不運にも感染してしまった学生が登校しても少人数に感染させてしまうかもしれないが、大学内で感染が拡大することはないと考えてよい。なお、2021年２月現在、諸外国では１度感染した人には１回のワクチンを接種することが推奨されているが、今後方針が変わる可能性もある。

2020年の冬季におけるインフルエンザ感染者数は激減した。その理由は海外からのインフルエンザ感染者を水際で抑え込めたこと、それでも国内に侵入できたウイルスに対してはワクチン、マスク、手洗いなどで防御できたこと、大規模な感染拡大の可能性のある三密条件下のイベントが自粛されたこと、などが挙げられる。インフルエンザは国民の１割が感染し数千人が亡くなる感染症である。新型コロナウイルス感染症の流行によりインフルエンザを封じ込めることができたことは、非常に大きな成果である。学生も含めて、冬季にはマスクや手洗いの徹底を実施していくことは、新型コロナウイルス感染症の終息後も重要なことである。また教育効果を十分に考えた上でオンライン授業を行うことにより、不必要な密集条件の講義を避ける事やラッシュ時の通学を避けることは、感染症の防疫だけでなく、公共交通機関の通勤通学ラッシュの緩和のためにも望ましいと考えられる。

今後、大学等が新型コロナウイルス流行の後に起こる可能性のある新規感染症流行に備え、どのような改良と整備を進めるべきであろうか。一つは、リモート授業と感染症対策下での実習を組み合わせて行うために、実習室における換気設備を整備することや、リモート授業の前後に試験や実習がある場合に学内でリモート授業を受けるための受講室を整備することが考えられる。また、リモートの授業やゼミが主体となる場合の教育効果を高めるためのカリキュラムや評価法自体の変更も考えられるだろう。例えば、リモートでも学生の反応を見ることができるような短いテストや質問をチャットで行うことや、リモートでも行いやすいスライド上で短時間に解答するような試験形式が考えられるであろう。これらについては、将来の問題に対処するというだけでなく、それによって一層教育効果を高める事ができる可能性が高いので積極的に取り組むべき課題と考える。

(3)「未来疫学Ⓡ」を実践する

私たちは新型コロナウイルスにより多大な犠牲を払うことになってしまった。そして、この惨事を繰り返さないためにも新型コロナウイルスから多くのことを学ばなければならない。たとえば、この本のテーマであるウイルス感染症に対して学校教育はどうあるべきかを確立しておくことは重要な課題である。ウイルス学的には次に出現する感染症をいかに予測して、いかに最小限にくい止めるかが課題になる。そもそも未来に出現してくるウイルスを予測できるのであろうか。ウイルスは変異するものであり、どのようなウイルスが生き残り感染を拡大させるかはある程度予測できる。人類がこれまでに遭遇したことのないような未知のウイルスは、野生動物などを調査することによりある程度は明らかになる。そして、それらのウイルスをあらかじめ知っておくことにより「先回りの防疫」が可能になるのである。東京農工大学ではこのような未来のウイルス感染症を予測する学問を「未来疫学」と称して商標登録を行った。さらに、2021年４月から東京農工大学農学部附属国際家畜感染症防疫研究教育センターは「未来疫学」を推進するために、「感染症未来疫学研究センター」と改称して組織改編を行った。次に出現するウイルス感染症を予測して先回り防疫をする研究が私たちの使命である。

第１章　学校一斉休校は正しかったのか

朝岡 幸彦・岩松 真紀

1　学校一斉休校はどのように評価されたのか

私たちが生きる「この世界」(2020年～2021年の世界）における喫緊の課題が、新型コロナウイルス感染症（COVID-19/以下、新型コロナ）への対応であることは間違いない。学校に限らず、国や地方自治体の教育機関は否応なく新型コロナ感染拡大への対応を迫られ、ウィズ・コロナを意識した取り組みを進めざるを得なかった。その焦点の一つとなるのが、「学校一斉休校は正しかったのか」という問いであり、これから再び一斉休校をする可能性があるのかという疑問である。

日本における新型インフルエンザ（インフルエンザ（H1N1）2009）による「学校閉鎖」の有効性を示した論文がある。学校閉鎖措置は感染経路対策として有効である可能性が高いことを示しつつも、学校閉鎖の効果を検証する方法は一定せず、影響する因子も多様であって、多くの課題を残している(内田他、2013)。電子ジャーナルプラットフォームである「科学技術情報発信・流通総合システム」(J-STAGE）で、「COVID-19または新型コロナ」と「休校」をキーワードに検索すると、95件のヒットがあった（2021年２月17日現在)。2020年８月以降発行のものが82件をしめ、多い順に３つの分野（重複有）をあげると、心理学・教育学系45件、情報科学系36件、一般医学・社会医学・看護学系33件である。95件のなかには、文章や年表のなかに単語が含まれる巻頭言・年表・講演なども含まれ、そのものを主題として扱っているものはあまり多くはない。休校中の授業を自分の実践や当時の状況を時系列に振り返ったり、休校中の子どもや教員のメンタルヘルスを扱ったものがみられる。「学ぶ」権利についてふれたものが、２つあった。「文部科学省による各種通知と地理教育の関係について─情報提供─」（三橋、2020）では、第二波前の時点で「学び」の方向性として「生徒が納得して家庭学習することの重要性」をあげ、「特に家庭学習は『やらせる』のではなく『自ら学ぶ』ことを志向することで、『学びの保障』につなげることが求められている」と結ぶ。もう１つは、公民館を閉鎖する指示が出された結果、「学ぶ機会を与えられる基本的人権と公衆衛生上の懸念によるこの基本的権利の制限との間に矛盾が生じました」と指摘するものである（山本、2020）。

また、月刊『教育』（旬報社）は早い時期（2020年８月号）に「コロナ一斉休校と子ども・教育」という特集を組み、「子どもの生存権と学習権をどう守るか、全力の試行錯誤が続けられている」様子を伝えている。『人間と教育』108号（2020年12月）特集「不確かさを生きる　コロナ時代の社会と教育」で、コロナ禍での全日本教職員組合（全教）の調査が報告されている。５～６月の調査から休校中の保護者がいだいた「放っておかれ感」やオンライン授業で教師がいだく「理解度のつかめなさ」等が明らかにされた（宮下、2020）。さらに109号（2021年３月）特集「コロナパンデミックが問いかけるもの」でも、子どものからだと心・連絡会議等によるコロナ緊急調査の結果から「おとなの認識とは異なる子どもからみた学校の存在意義を垣間見ることもできた」と指摘され（野井、2021）、シカゴ教員組合の学校再開に向けた当局との粘り強い運動と交渉も紹介されている（山本、2021）。田中智輝他『学校が「とまった」日　ウィズ・コロナの学びを支える人々の挑戦』（東洋館出版、2021）は、2020年３月下旬にたちあがったプロジェクトの共同研究のまとめである。データやインタビューをもとに事態を総括して、「学びをとめない」が意味するものは「授業提供のみならず、学校が暗に果たしてきた機能、①子どもの健康保障、②子ども同士の関係保障、③学力保障」などを、機能不全に陥らせないことだと言う。さらに、学校がなくても「学びを継続できた子」の特徴は、①生活リズムを大きく崩さなかったこと、②やることが把握できていたこと、③ストレスを解消する方法があったこと、とされる。

欧州疾病予防管理センター（ECDC）は、『Q & A on COVID-19』（ECDC、2020）のなかで、学校は社会と子どもたちの生活に不可欠な部分であるため、広範囲にわたる学校の閉鎖は最後の手段と見なされるべきであり、病気の蔓延を抑えるために他の措置が講じられた後にのみ考慮されるべきである、としている。ユネスコでも、学校閉鎖と学習環境の喪失に関する調査が行われ「日本は、学校閉鎖の初めから遠隔教育にバランスの取れたアプローチを取ることを優先事項とした」と指摘されている（UNESCO、2020）。

これまでの研究では、個々の事例や報告が積み重ねられてきているが、他の措置との関係性までを考えるものはない。ひとまわり大きな視野で、学校閉鎖（一斉休校）を考える研究が求められている。

2　学校一斉休校の背景

新型コロナ（COVID-19）に関わる緊急事態宣言を全国で解除するにあたって、安倍首相は記者会見で次のように述べた。

「我が国では、緊急事態を宣言しても、罰則を伴う強制的な外出規制などを実施することはできません。それでも、そうした日本ならではのやり方で、わずか１カ月半で、今回の流行をほぼ収束させることができました。正に、日本モデルの力を示したと思います」（下線は引用者）。

ここでいう新型コロナ第一波に対応した「日本モデル」とは何かを、調査・検証しようとしたのが『新型コロナ対応民間臨時調査会　調査・検証報告書』（アジア・パシフィック・イニシアティブ、2020年10月）である。この「日本モデル」という表現は新型コロナウイルス感染症対策専門家会議（以下、専門家会議）の「新型コロナウイルス感染症対策の状況分析・提言」（2020年４月１日）で最初に使われ、５月29日の「状況分析・提言」でそれが一定の成果を上げたと評価して、その成功要因を以下のように整理している。

①中国及び欧州等由来の感染拡大を早期に検出したこと。

②ダイアモンド・プリンセス号への対応の経験が活かされたこと。
③国民皆保険による医療へのアクセスが良いこと、公私を問わず医療機関が充実し、地方においても医療レベルが高いこと等により、流行初期の頃から感染者を早く探知できたこと。
④全国に整備された保健所を中心とした地域の公衆衛生水準が高いこと。
⑤市民の衛生意識の高さや（欧米等と比較した際の）もともとの生活習慣の違い。
⑥政府や専門家会議からの行動変容の要請に対する国民の協力の度合いの高さ。

特筆すべきこととして、⑦効果的なクラスター対策がなされたこと。

報告書は、日本政府の第一波への対応（日本モデル）とその結果を「泥縄だったけど、結果オーライだった」（官邸スタッフヒヤリング）という言葉で表現している。たしかに、新型コロナによる人口比死亡率は100万人あたり８人、2020年４－６月期のGDPの落ち込みは前期比マイナス7.9％、失業率2.9％とまずまずの「結果を出した」と評価されている。とはいえ、「関係者の証言を通じて明らかになった『日本モデル』の形成過程は、戦略的に設計された緻密な政策パッケージのそれではなく、様々な制約条件と限られたリソースの中で、持ち場持ち場の政策担当者が必死に知恵を絞った場当たり的な判断の積み重ねであった」との指摘は重要である（**表1-1**）。

それまで教育委員会や学校の判断を尊重するかたちで進められてきた学校等の教育現場における新型コロナ対応に、一律の対応を迫ったものが安倍首相による全国一斉学校臨時休校の要請（２月27日）であった。この全国一斉休校要請に至る経緯を新型コロナ民間臨調報告書は、「専門家の発信に影響された政策決定」の事例として分析している。

専門家会議は、２月24日に「新型コロナウイルス感染症対策の基本方針の具体化に向けた専門家の見解」を出し、その記者会見において尾身副座長が「コロナウイルスに対する戦いが今、まさに正念場というか今まさに瀬戸際に来ている」と発言した。専門家会議による「瀬戸際」発言は全国一斉休校の要請を想定していなかった（「学校閉鎖はあまり意味がない」との発言が勉強会でもあった）が、この発言を深刻に受け取った安倍首相が補佐官のアイデアをそのまま「要請」として発言したようである。政府対策本部（第13回）で策定した「基本方針」（２月25日）での全国一律の自粛要請を行わないという方針が、翌日の政府対策本部（第14回）席上で「突然の変更」をされたことに出席者は戸惑い、現場は混乱を極めたと証言されている。

文科省事務次官通知（２月28日）にあるように、公立学校の臨時休校は学校保健安全法第20条の規定に基づいて「学校の設置者」が行うものとされており、全国一律の一斉休校を要請する権限は首相にも自治体の首長にも存在しない。法的な根拠のない安倍首相からの休校要請であったにもかかわらず、公立学校のほぼ99％が「臨時休業」したのである（文科省、2020年３月４日㈬８時時点・暫定集計）。

萩生田文科相は慎重な姿勢をみせ、文科省として一斉休校の必要はないと考えていると申し入れたものの、官邸は一斉休校実施に向けて調整を進めた。２月27日の政府対策本部（第15回）において、安倍首相は「全国すべての小学校、中学校、高等学校、特別支援学校について、来週３月２日から春休みまで、臨時休業を行うよう」要請した。この時点でも、萩生田文科相は春休みの前倒し（春休み時に授業が可能）と理解していたのに対して、安倍首相が「ずっと閉じます」と発言したことで一斉休校の意味が政権内で十分に整理されないまま行われた。

このように専門家会議でも疫学的な観点から効果に疑問が出され、学校を所管する文科省の意図とも異なる形で唐突に提起された全国一斉休校の要請は、学校教育現場に多くの混乱をもたらした。直後のNHKの世論調査では、臨時休校の要請は「やむを得ない」との回答が69％を占めるなど、国民から一定の評価を受けたと指摘されている。しかしながら、日本小児科学会による病院アンケート調査（全国の約150病院、１月から10月上旬に感染した472人の子ども）の結果から、感染場所の８割が家庭で、学校や保育園・幼稚園は約１割にすぎなかったことが明らかとなっている（東京新聞、2020年11月

表 1-1　新型コロナウイルス感染症（COVID-19）をめぐる政府と教育の動き（日本）第一波

	政府・文科省（文）の動き
	第 I 期（潜伏期）
2019.12.31	武漢市ウイルス性肺炎の発生発表
2020.1.5	厚労省原因不明肺炎の発生発表
2020.1.15	国内で新型コロナウイルス感染症患者初確認
2020.1.21	感染症対策第 1 回関係閣僚会議
2020.1.24	中国湖北省への渡航中止勧告/（文）新型コロナ感染症対策に関する対応について（依頼）
2020.1.28	新型コロナウイルス感染症を感染症法上の指定感染症に指定する政令公布
2020.1.29	政府チャーター機による中国湖北省（武漢）邦人の帰国開始（2/17 まで 5 便）
2020.1.30	WHO が PHEIC（緊急事態）を宣言（「COVID-19」と命名（2/11））/対策本部第 1 回会合
2020.2.1	新型コロナを指定感染症とする政令の施行/湖北省滞在歴のある外国人等の入国拒否
2020.2.3	横浜港に停泊中のダイヤモンド・プリンセス（DP）号に臨時検疫開始
2020.2.13	日本国内初の死者/「新型コロナウイルス感染症に関する緊急対応策」決定/検疫法第 34 条の感染症指定の政令公布
2020.2.14	新型コロナウイルス感染症対策専門家会議設置
2020.2.17	厚労省が「相談・受診の目安」（風邪症状や 37.5 度以上の発熱が 4 日間以上続く場合）を公表
2020.2.18	（文）児童生徒等に新型コロナウイルス感染症が発生した場合の対応について
	第 II 期（拡大期）
2020.2.25	「新型コロナウイルス感染症対策の基本方針」決定/厚労省「クラスター対策班」設置/（文）卒業式・入学式等の開催について
2020.2.26	政府、全国的なスポーツ・文化イベント等の 2 週間の中止、延期または規模縮小等の対応を要請
2020.2.27	政府、3/2 から小中高校等の一斉臨時休校を要請
2020.2.28	北海道知事「緊急事態宣言」/（文）小学校，中学校，高等学校及び特別支援学校等における一斉臨時休業について（通知）
2020.3.2	（文）学習支援コンテンツポータルサイトの開設について/子どもの居場所の確保について（依頼）[文科省・厚労省]
2020.3.4	（文）小・中・高等学校等における臨時休業の状況について /一斉臨時休業に関する Q&A の送付について
2020.3.7	JSFEE：緊急声明『子どもたちが「外で遊ぶ権利」を最大限保障してください』の発表
2020.3.9	専門家会議が「新型コロナウイルス感染症対策の見解」を発表、「3 密」回避を呼びかける
2020.3.10	「緊急対応策第 2 弾」決定/新型インフルエンザ等対策特措法一部改正法の閣議決定　/ 公文書管理「歴史的緊急事態」指定
2020.3.11	米国欧州 26 カ国の入国停止発表/WHO がパンデミック宣言/（文）臨時休業に伴う学校給食休止への対応について
	第 III 期（規制強化期）
2020.3.13	新型コロナ対応の改正特別措置法（新型インフルエンザ等対策特別措置法の一部を改正する法律）が成立
2020.3.17	（文）春季休業期間中の留意点について / 全国学力・学習状況調査について （通知） /子供の居場所各自治体の取組状況等について
2020.3.23	小池東京都知事「ロックダウン」発言
2020.3.24	IOC が東京オリンピック・パラリンピック 1 年程度の延期合意/（文）学校再開ガイドライン（令和 2 年 3 月 24 日）
2020.3.26	指定感染症として定める政令の一部を改正する政令閣議決定　/　新型インフルエンザ等対策特措法に基づく新型コロナウイルス感染症対策本部設置
2020.3.28	「新型コロナウイルス感染症対策の基本方針」決定
2020.4.1	49 カ国・地域からの入国拒否を表明　/　首相、全世帯への布マスク配布を公表。
2020.4.7	政府、7 都府県に緊急事態宣言　/　政府、事業規模 108 兆円の緊急経済対策を閣議決定
2020.4.9	政府と都、休業要請の対象などで合意。11 日開始。
2020.4.16	緊急事態宣言の対象区域を全国に拡大　13 都道府県は「特別警戒都道府県」に　/　首相、現金給付策を一律 10 万円に変えると表明。
2020.4.17	感染者 1 万人超（4/18）/（文）令和 2 年度全国学力・学習状況調査について（通知）（令和 2 年 4 月 17 日）
2020.4.19	（文）4 月 16 日の緊急事態宣言を受けて学校の臨時休業を決定した道府県（令和 2 年 4 月 19 日時点）
2020.4.20	（文）学校へ配布する布製マスクへの不良品混入事例について

2020.4.21	（文）新型コロナウイルス感染症対策のために小学校、中学校、高等学校等において臨時休業を行う場合の学習の保障等について（通知）
2020.4.22	専門家会議、接触８割減のための「10のポイント」公表 ／ （文）新型コロナウイルス感染症の拡大防止と運動・スポーツ の実施について
2020.4.28	文科相、学校の９月始業を「一つの選択肢」と発言 ／ （文）免許法認定講習の実施方法の特例について（通知）
2020.4.30	総額25兆6914億円の補正予算が成立
2020.5.1	死者500人超（5/2）／ （文）新型コロナウイルス感染症対策としての学校の臨時休業に係る学校運営上の工夫について（通知）
2020.5.4	専門家会議、「新しい生活様式」公表 ／ 政府、緊急事態宣言の５月末までの延長を決定。
	第 Ⅳ 期（規制緩和期）
2020.5.14	政府、39県の緊急事態宣言を解除 ／（文）大学入試における総合型選抜及び学校推薦型選抜の実施について（通知） /高校入試等における配慮事項について（通知）
2020.5.21	政府、近畿３府県の緊急事態宣言を解除
2020.5.22	（文）学校における新型コロナウイルス感染症に関する衛生管理マニュアル ～「学校の新しい生活様式」～について ／ 学校の水泳授業の取扱いについて
2020.5.25	政府、緊急事態宣言を全国で解除 ／ 安倍首相「日本モデル」発言
2020.5.27	（文）小学校，中学校，高等学校及び特別支援学校等における教育活動の再開後の児童生徒に対する生徒指導上の留意事項について（通知）
2020.6.2	東京都、「東京アラート」を発動。首相、「９月入学」の導入を事実上断念。
2020.6.4	（文）「旅行関連業における新型コロナウイルス対応ガイドラインに基づく国内修学旅行の手引き（第１版）」について
2020.6.5	（文）学校の授業における学習活動の重点化に係る留意事項等について（通知）
2020.6.8	（文）学校等欠席者・感染症情報システムの加入について（依頼）
2020.6.11	都、東京アラートを解除
2020.6.19	政府、都道府県境をまたぐ移動自粛を全面解除 ／ 政府、感染者接触確認アプリの提供を開始。／（文）令和３年度大学入学者選抜実施要項について（通知）
2020.6.24	西村コロナ担当相、専門家会議の廃止を発表
2020.6.26	JSFEE：「新型コロナウィルス感染症（COVID-19）に対応した 環境教育活動に関するガイドライン（ver.1）」の発表
2020.6.29	（文）修学旅行の相談窓口の設置及び Go To トラベル事業の活用について
2020.7.3	政府、専門家会議を廃止、「新型コロナウイルス感染症対策分科会」発足。
2020.7.10	政府、イベント開催制限を緩和
2020.7.17	経済財政運営と改革の基本方針（骨太の方針）2020を閣議決定
2020.7.22	国交省、Go to　トラベル　キャンペーンを開始。

資料：『新型コロナ対応民間臨時調査会報告書』（2020年10月25日）及び朝日新聞「コロナの時代　官邸、非常事態」（2020年７月12日付～７月18日付）、文科省HPより作成　＊JSFEE＝日本環境教育学会

１日付）。その意味では、2020年６月から2021年１月までに新型コロナに感染した児童・生徒の約半数（6,394人）が、全国的な感染者の増加に比例して１月上中旬に感染していると文科省が公表する（２月26日）など、学校の再開・休業と別の要因で感染しているとも考えられる（朝日新聞、2021年２月27日付）。

3　「学ぶ」権利を制限することは許されるのか

広瀬巌『パンデミックの倫理学』（勁草書房、2021年）は、「個人の権利と

自由を実際に制限するにあたって明確にされるべき基準」として、①公衆衛生上の必要性があること、②手段が合理的かつ効果的であること、③制限と効果と釣り合いが取れていること、④分配的正義を考慮すること、⑤信頼性と透明性があること、をあげている。①「ウイルス拡大に伴う害悪の拡大を阻止するためにどうしても必要なときにのみ、基本的な権利と自由は最小限制約される。」②「ウイルス拡大防止に効果があるのかどうか科学的な根拠がない手段や、効果があるとただ漠然と見なされているような手段、効果があることにはあるがわずかな効果しか見込めない手段などは、個人の基本的権利と自由を制限するには不適切である。」③「個人の基本的な権利と自由を制限することによって生じる弊害と、制限によって見込まれる公衆に対する便益との間で、バランスが取れていなくてはならない。」④「公衆衛生上の介入から生じるリスク、利益、負担は公平に配分されなければならない。より具体的には、社会的・経済的弱者に対してより多くのリスクと負担を求めることはできない。」⑤「なぜ基本的な権利と自由が制限されなければならないのか、制限を正当化する科学的・疫学的理由は何か、制限は効果的だと信じる理由は何か、制限は不公平な負担を社会的・経済的弱者に強いるものではないか、もし制限に不満があればその不満に納得のいく説明をしてくれるか、これらの疑問に対し、わからないことが多い新型感染症のパンデミックでは丁寧に答えることができなければならない。」

こうした基準が、世界人権宣言（1948年）の第９条及び13条等の規定をもとに、「シラクサ原則」（1985年）が提示する「法的な」基準、政府による個人の権利と自由の制限は、①法的な根拠があり、②正当な目的のために課せられ、③民主社会において必要最低限で、④可能な限り最小の制限と干渉にとどめられ、⑤恣意的・不合理・差別的なものではないものでなければならない、を踏まえたものであることは明らかである。そして、倫理学において人間の基本的な権利と自由を制約することを可能にすることが支持されている「危害原理」(harm principle)、「ある個人の自由への制限を可能にするのは、その個人が他人に対して危害を加えることを防ぐことだけである」（広瀬、2021）に依拠している。問題は、①学校一斉休校を含む子どもや市民が「学ぶ」権利を制限することがパンデミックのもとで危害原理によって正当化されるのか、②学校を休校にしたり社会教育施設等を閉館にすることが飲食店の営業制限や「隔離」等の方法に比べて妥当な方法なのか、ということであろう。

まず、学校一斉休校という「学ぶ」権利の制限が妥当なものと言えるのかについて、先の５つの基準に即して検討したい。①一斉休校の公衆衛生上の必要性について、専門家会議による「瀬戸際」発言は全国一斉休校の要請を想定していなかったとの指摘があるように、必要性は少ないと判断できる。また、新型コロナ以前の学校における「通常の感染対策」である、校長や学校設置者の「出席停止や臨時休業」に関する判断や権限を尊重して対応する形でも十分対応できた可能性がある。②一斉休校の効果についても、専門家会議や文科省の見解とのズレがある以上、疑わしかったといわざるをえない。③制限と効果とのバランスについては、当時（2020年２月末）の時点で児童・生徒が新型コロナのクラスターとなる可能性を排除できなかったものの、全国一律に休校するという措置が十分な効果をあげたとは考えられない。④一斉休校が新型コロナ治療の最前線にいる医療従事者だけでなく、低収入で不安定な雇用のもとで働いている親の負担を大きくしたことは確かであり、「社会的・経済的弱者に対してより多くのリスクと負担を求める」ことになった。⑤一斉休校の判断根拠の提示や情報公開が不十分であったことは明らかであろう。このように安倍首相による全国一斉学校臨時休校の要請（２月27日）は、「個人の権利と自由を実際に制限するにあたって明確にされるべき基準」のいずれも満たしているとは言いがたいものであった。さらに、法的な根拠を示さずに「要請」という方法で全国の学校に一斉休校を求めたことは、シラクサ原則に照らしても妥当とはいえない。

子どもや市民の「学ぶ」権利の制限が正当化されるためには、権利を制限される「個人が他人に対して危害を加える」ことを明示する必要がある。しかしながら、感染者及び濃厚接触者でない個人（軽症者や無症状者以外に多くの非感染者が含まれる）が危害を加えることを証明することはむずかしく、学校における「通常の感染対策」を越える措置を取ることは正しいとは言えない。他方で、学校一斉休校によって生じるリスクとしてもっとも明らかなものは、子どもを養育している医療従事者が出勤できなくなるという問題であり、保育所や学童保育所等を閉鎖しないという措置だけでカバーできたとはいえない。

4　一斉休校を繰り返さないために

新型コロナ第一波への政府及び文科省の対応をみる限り、「日本モデル」と呼びうる緻密な政策パッケージではなく「場当たり的な判断の積み重ね」と考えざるを得ない。とりわけ、安倍首相による唐突な学校への全国一斉休校の要請は、その効果も含めて疑問が持たれているだけでなく、教育委員会や学校での判断を尊重する対応から画一的でトップダウンによる対応へと転換されたという意味で大きな転機となった。

２回目の緊急事態宣言の発出を目前とした2021年１月５日に萩生田文科大臣は、「自治体の判断となるが、地域一斉の休校は社会経済活動全体を停止する場合にとるべき措置で、学校のみを休業することは避けるべきだ」と述べた（朝日新聞夕刊、2021年１月５日付）。１回目の緊急事態宣言解除後に小中高校の授業が対面型で「再開」される中で、遠隔授業を主とする大学等に対して慎重な言い回しながらも「感染防止のための対策を十分に講じた上で、対面による授業が適切と判断されるものについては、対面授業の実施・再開を検討いただきたい」(大学等における授業の実施状況、2020年12月９日)と繰り返し求めてきた文科省の一貫した姿勢がわかる。確かに、現時点(2021年３月）で第一波における全国一斉休校の要請が正しい政策判断とはいえないものの、これから遭遇する可能性のある「未知の感染症」に対して一斉休校を「禁じ手」とすることにはリスクがある。

とはいえ、緊急事態宣言やウィズ・コロナのもとで、「命か自由かの選択」

として教育や学習を制限することを、「やむをえないもの」と断定できるのかという問題もある。世界人権宣言（1948年）や「シラクサ原則」（1985年）に照らしても、学校一斉休校の「要請」は政府が個人の権利と自由を制限する基本的な要件を満たしていない。「移動の自由や職業の自由はもとより、教育機関・図書館・書店等の閉鎖によって学問の自由や知る権利も、公共的施設の使用制限や公共放送の動員等によって集会や言論・表現の自由も一定の制約を受けることが懸念される」（日本ペンクラブ声明）のである。

まさに、新型コロナと「共存」する社会の中で、どのように「学び」を継続・発展させることができるのか。私たちは歴史に試されているのである。

（本章の原稿は、民主教育研究所編『民主主義教育のフロンティア』旬報社、2021年に掲載された原稿の一部をもとに加筆修正したものである）

引用・参考文献

European Centre for Disease Prevention and Control. COVID-19 in children and the role of school settings in transmission-first update. Stockholm; 2020.

UNESCO COVID-19 response-remote learning strategy Remote learning strategy as a key element in ensuring continued learning Version 2 as of July 2020.

朝岡幸彦「いま求められている教育行政」、民主教育研究所編『民主主義教育のフロンティア』旬報社、2021年

アジア・パシフィック・イニシアティブ『新型コロナ対応民間臨時調査会　調査・検証報告書』、2020年。

内田満夫他「わが国におけるインフルエンザ（H1N1）2009に対する学校閉鎖の効果」『日本衛生学雑誌』68巻、2013年

田中智輝・村松灯・高崎美佐編著『学校が「とまった」日　ウィズ・コロナの学びを支える人々の挑戦』、東洋館出版、2021年

日本ペンクラブ声明「緊急事態だからこそ、自由を」、2020年４月７日。

広瀬巌『パンデミックの倫理学』、勁草書房、2021年

三橋浩志「文部科学省による各種通知と地理教育の関係について―情報提供―」『新地理』68巻、2020年

宮下直樹「ウイルスより、先生のピリピリが嫌だ:コロナのもとでの子どもとせんせい」『人間と教育』108巻、旬報社、2020年

山本秀樹「コロナウイルス感染症のパンデミック（世界的流行）による社会的影響」『日本公民館学会年報』17巻、2020年

第2章　学校・教育委員会
—コロナ禍の教育政策分析を通して—

秦　範子

1　問題はパンデミック前から始まっていた

貧困、教育、人権、ジェンダー、労働をはじめとする様々な社会課題は、新型コロナウイルス感染症のパンデミックによってさらに浮き彫りになった。公教育の領域では、緊急事態下の教育政策が国と地方、文部科学省（以下、文科省）と教育委員会の「タテ関係」を通じてどのように進められたのか検証する必要がある。その一方で、地方教育行政が抱える現状の課題を等閑視することは出来ない。特に、地方教育行政を掌る教育委員会は、「安倍政権による制度廃止論」（藤森、2015）が持ち上がる中で政府主導の教育委員会制度改革が進み、教育委員会の独立性が揺らいだ。

教育委員会は1948年の教育委員会法成立によって発足した。教育委員会法第１条には「教育が不当な支配に服することなく、国民全体に対し直接に責任を負って行われるべきであるという自覚のもとに、公正な民意により、地方の実情に即した教育行政を行うために、教育委員会を設け、教育本来の目的を達成することを目的とする」（下線は筆者による）とある。そこには、①教育行政の「政治的中立性」の確保、②公正な民意の尊重、③教育行政の地方分権が掲げられていた。しかし、公選制に期待したような公正な委員選出にはならず、1956年に教育委員会法は廃止になった。同年施行された「地方教育行政の組織及び運営に関する法律」（以下、地教行法）により教育委員会制度は公選制から任命制に移行し、任命制教育委員会制度が60年以上続いた。

ところが、2011年の大津市の中学校で起きたいじめ事件をきっかけに、教育委員会制度の存廃を含めた議論が政策課題にまで発展する。2012年11月に自民党教育再生実行本部が「中間取りまとめ」を示し、「形骸化している教育委員会の見直し」「国が公教育の最終的な責任を果たす」という方針を打ち出して、地方教育行政の権限と責任の明確化が示された。折しも2012年12月の衆議院選挙で与党民主党が大敗し、自公連立政権の第２次安倍内閣が誕生した。2013年１月の閣議決定を経て設置された「教育再生実行会議」は、第１次安倍内閣時代に設置した「教育再生会議」と同様に首相の諮問機関であり、構成する委員に教育現場の経験者は含まれるものの教育を専門に研究する学識者は含まれていない。同会議の第２次提言『教育委員会制度等の在り方について』(2013年４月15日）では、①首長が任免を行う教育長が、地方公共団体の教育行政の責任者として教育事務を行うように現行制度を見直す、②教育委員会は、地域の教育の在るべき姿や基本方針等について闊達な審議を行い、教育長に対し大きな方向性を示すとともに、教育長による教育事務の執行状況に対するチェックを行う、ことが示されている。これまでの教育委員会は、教育委員の中から教育長を選び、教育長及び事務局の教育事務の執行状況に対するチェックを行っていた。これに対し、首長が直接指名して選んだ教育長を教育行政の責任者として事務局の職務執行の指揮監督に当たらせることになれば、教育委員会は「これまで以上に教育長以下事務局の提案を追認するだけの、合議制執行機関としての機能が形骸化した状態に陥る恐れがある」(篠原、2014)。

下村博文文科大臣は、この第２次提言を受けて中教審に教育委員会制度の見直しを諮問し、同提言が示した教育委員会制度改革の具体的実施方法や法制化に係る事項を審議するよう求めた。中教審での審議は「今後の地方教育行政の在り方について（答申)」を出す直前まで教育委員会の独立性を巡って紛糾するが、両論併記をとって教育委員会制度の改革案を答申した。その後与党内で「教育委員会は執行機関とする」ことで合意した。この合意を踏まえて地教行法の改正案が作られ、2014年６月に改正法が成立、2015年４月に施行された。これにより、教育委員長と教育長を一本化し、首長が任免を行う新「教育長」を設置するほか、首長が教育の基本方針を示す「大綱」の策定を行う等が定められ、首長が教育行政に直接関与することになった。

教育委員会制度改革によって地方では首長の権限が強化され、ポスト／ウィズ・コロナ時代の教育行政への影響力が強まることは想像に難くない。しかし、最悪のシナリオはそれだけに止まらず、有事の際には官邸主導で国が地方に関与する回路を作ってしまったことだ。それが現実になったのが安倍首相による全国一斉休校要請である。

2　全国一斉休校～授業再開までの対応

（1）一斉臨時休業の状況

２月27日の首相の全国一斉休校要請を受けて、翌28日に文科省は事務次官名で「新型コロナウイルス感染症対策のための小学校、中学校、高等学校及び特別支援学校等における一斉臨時休業について（通知）」を発出した。これに伴い一部の地域を除いて３月２日から全国の学校が順次臨時休業に入った。この間の感染状況は、厚労省が無症状者に対してPCR等検査を実施する方針を採用しなかったことにより陽性者数が抑制されていたことが指摘されている（アジア・パシフィック・イニシアティブ、2020)。何れにしても学校の春季休業が始まる頃までは、一日あたりの陽性者数は２桁の横ばい傾向が続いていた（第１章　図1-5)。３月13日に成立した改正新型インフルエンザ等対策特別措置法に基づき、国は４月７日に東京、神奈川、埼玉、千葉、大阪、兵庫、福岡の７都府県を対象に、４月16日には対象を全国に拡大して緊急事態宣言を発出した。

文科省が６月に実施した調査結果を取りまとめた「新型コロナウイルス感染症の影響を踏まえた公立学校における学習指導等に関する状況について」[1]によれば、４月１日以降の臨時休業の実施日数は、学校種を問わず31～40日が最も多かった。他方、臨時休業未実施は、小学校（回答数1,715校）18校、中学校（回答数1,745校）18校でそれぞれ全体の１％である。また、高等学校と特別支援学校の臨時休業未実施はゼロであった。

（2）休業期間中の学習指導

休業期間中の家庭学習は同報告書によると、「教科書や紙の教材を活用した家庭学習」「テレビ放送を活用した家庭学習」「教育委員会や学校が独自に作成した学習動画を活用した家庭学習」「上記以外のデジタル教科書やデジタル教材を活用した家庭学習」「同時双方向型のオンライン指導を通じた家庭学習」「家庭でも安全に行うことができる運動」等に分類される。

「教科書や紙の教材を活用した家庭学習」は、小学校（回答数1,715校）、中学校（回答数1,742校）共にすべての学校で、また高等学校（回答数154校）では99％、特別支援学校（回答数110校）では95％とほとんどの学校で行われていた。「テレビ放送を活用した家庭学習」は、小学校35％、中学校34％、高等学校31％、特別支援学校35％で約３割である。一方、「教育委員会や学校が独自に作成した学習動画を活用した家庭学習」は、小学校22％、中学校23％、高等学校30％、特別支援学校43％で特別支援学校がやや割合が大きくなった。

「上記以外のデジタル教科書やデジタル教材を活用した家庭学習」は、小学校34％、中学校36％、高等学校51％、特別支援学校43％という結果から特別支援学校以外の学校種では教育委員会や学校が独自に作成した動画教材よりもデジタル教科書・教材の方が利用されたことが分かる。特別支援学校で学習動画やデジタル教科書・教材の活用が他の学校種よりも割合が大きいのは、動画の字幕や音声による読み上げ、総ルビ、文字の拡大縮小等の学習支援機能が豊富に搭載されているために従来からICTを活用した授業に取り組んできたからであろう。

「同時双方向型のオンライン指導を通じた家庭学習」については、小学校８％、中学校10％、高等学校47％、特別支援学校40％であったことから小・中学校における同時双方向型のオンライン指導の導入は高等学校、特別支援

表 2-1　遠隔授業・教材の配信方法

内容	都道府県名
教育委員会が提供する学習支援システムや学習ポータルサイトの活用	福島県・茨城県・東京都・神奈川県・長野県・愛知県・広島県・徳島県・熊本県・宮崎県・沖縄県
教育委員会が独自に作成した動画教材を提供	北海道
文科省の学習ポータルサイトや民間事業者等の動画配信サービスを活用	岩手県・長野県・徳島県・沖縄県
ケーブルテレビ等を活用した動画配信サービス	栃木県・長野県
e-ラーニング教材等の活用	鳥取県
テレビ会議システム等を活用した双方向型オンライン授業等	福島県・長野県・徳島県
学校ウェブページ、メールによる配信等	宮城県・長野県・島根県・沖縄県

都道府県教育委員会ウェブサイトの情報に基づき筆者作成（最終アクセス、2020 年 7 月 30 日）

学校のそれと比べてかなり低い数字と言える。

「家庭でも安全に行うことができる運動」は、小学校63％、中学校60％、高等学校55％、特別支援学校71％でどの学校種でも「教科書や紙の教材を活用した家庭学習」に次いで高い数字になった。

最後に、都道府県教育委員会のウェブサイトが提供する情報に基づいて遠隔授業や教材の配信方法等を分類したものを載せておく（**表2-1**）。

3　授業再開後の対応

（1）教育課程の編成と学習指導要領の扱い

都道府県によって臨時休業中の分散登校の開始時期や通常授業の再開にばらつきはあるものの、全国で緊急事態宣言が解除された５月25日以降に通常授業を再開した都道府県が大半であることが読み取れる（**表2-2**）。

授業再開に向けて学校現場からは様々な声が上がっていた。とりわけ授業日数が減る中で「教育課程の再編成をどのように行っていくのかも大きな課題」[(2)] であった。

そうした中で都道府県教育委員会のウェブサイトには「学習に著しい遅れが生じることのないよう、可能な限り、令和２年度の教育課程内での補充の

表 2-2　都道府県別学校再開の状況

	開始日	都道府県名	注記
分散登校開始	4月21日	鳥取県[1]	1）4/21-24日迄一部の学校で時差通学
	5月16日	長野県	
	5月18日	北海道、宮城県[2]、富山県、 京都府、広島県[3]、香川県[4]、福岡県	2）週1回程度設定 3）自主登校開始 4）週1回程度設定
	5月19日	奈良県	
	5月21日	徳島県[5]、香川県[6]、沖縄県	5）5月21/22日から学年別分散登校 6）最終学年は毎日授業実施可
	5月25日	宮城県[7]、岐阜県、愛知県、 大阪府[8]、島根県	7）5/25-29日に複数回設定 8）最終学年のみ可
	5月26日	東京都[9]	9）週1日、在校時間2時間程度
	6月1日	埼玉県、東京都[10]、 神奈川県[11]、滋賀県、大阪府、兵庫県、 福岡県、沖縄県	10）週1～3日程度、在校時間2.5時間程度 11）週1回登校（高3は週2回登校）
	6月8日	神奈川県[12]	12）週2回登校（高3は週3回登校）
	6月15日	東京都[13]	13）週3～4日程度、在校時間6時間程度
通常授業再開	5月7日	岩手県、石川県	
	5月11日	鹿児島県	
	5月14日	佐賀県	
	5月23日	徳島県	
	5月25日	山形県、山梨県、静岡県、 島根県、愛媛県、京都府[14]、 長崎県、宮崎県	14）一部地域
	6月1日	北海道、宮城県、福島県、 茨城県、栃木県、富山県、 長野県、愛知県、三重県、 京都府、和歌山県、鳥取県、 岡山県、広島県[15]、熊本県、 大分県、沖縄県	15）特別支援学校は6月15日から再開
	6月8日	滋賀県、福岡県	
	6月15日	岐阜県、大阪府、兵庫県、 奈良県	
	6月22日	群馬県[16]、埼玉県	16）6月22日から29日までの間で再開
	6月29日	東京都	
	7月13日	神奈川県	
	7月－日	千葉県[17]	17）遅くとも定期考査までに再開

都道府県教育委員会ウェブサイトの情報に基づき筆者作成（最終アクセス、2020年7月30日）

ための授業や教育課程に位置付けない補習を実施すること」（北海道、3月24日）が示すように学習の遅れを取り戻すことを期待する記述が多く見られた。

文科省は「新型コロナウイルス感染症の影響を踏まえた学校教育活動等の実施における「学びの保障」の方向性等について（通知）」（初等中等教育局

長、５月15日）で、年度当初予定していた学習内容の指導を本年度中に終えることが困難な場合の「特例的な対応」として、「次年度以降を見通した教育課程編成」を認めている。その後、文科省は５月15日の初等中等教育局長通知に続き、「学校の授業における学習活動の重点化に係る留意事項等について（通知）」（初等中等教育局教育課程課長、同教科書課長、６月５日）で「特例的な対応」としての学習活動の重点化に留意すると共に、指導計画の見直しに際しては学校の授業以外の場で何を取り扱うことが適切かを検討した上で判断する必要があると示している。

（２）学習活動の重点化に伴う対応

初等中等教育局から６月５日に出された通知には、「新型コロナウイルス感染症対策のための臨時休業により、学習活動の重点化を行うこととなり、それによって学校教育法施行規則に定める標準授業時数を踏まえて編成した教育課程の授業時数を下回ったとしても、そのことのみをもって学校教育法施行規則に反するものとはされない」とある。その一方で、臨時休業中の登校日の設定や分散登校の実施、授業１コマを40分や45分に短縮した上で１日当たりの授業コマ数の増加等の時間割編成の工夫、長期休業期間の短縮、土曜日の活用、学校行事の重点化や準備時間の縮減等の工夫が考えられるとあり、「次年度以降を見通した教育課程編成」よりもむしろこうした「様々な工夫」の方に重点が置かれてしまい、教育委員会から学校現場に伝達されたのではないかと考えられる。

これを裏づけるように文科省の報告書によれば、「長期休業期間の短縮」は小学校95％、中学校94％、高等学校93％、特別支援学校89％で９割近くの学校が実施（予定を含む）すると回答している。夏季休業期間の日数は小･中･特別支援学校が16日、高等学校で23日と回答した学校が最も多かった。

一方、「土曜日の活用」は小学校15％、中学校17％、高等学校32％、特別支援学校12％、「補習の実施」は小学校21％、中学校23％、高等学校48％、特別支援学校23％でいずれも高等学校を除くと低い数字となった。これらに対して、「次年度以降を見通した教育課程編成」を行うと回答したのは、小・中学校共に12%、高等学校11%、特別支援学校20%に止まった。

「学校行事の工夫」については小学校96%、中学校95%、高等学校95%、特別支援学校94%とほとんどの学校で実施（予定を含む）すると回答している。都道府県教育委員会のウェブサイトの情報によると次のような対応が見られた。

「6月15日以降学校行事・部活動を実施することができる」(大阪府、5月21日)

「運動会、文化祭等は延期や中止、規模を縮小しての実施」(岡山県、5月22日)

「実施に当たっては、感染拡大防止の措置を講じるよう十分配慮すること」(広島県、5月22日)

「修学旅行は原則延期」(奈良県、6月10日)「訪問地の状況把握や交通手段、宿泊施設等の検討を行い実施検討、但し海外は中止または延期」(奈良県、7月7日)

「体育祭、文化祭、式典等の開催は、当面、屋内1,000人以内かつ定員50%以内、屋外1,000人以内かつ間隔確保を原則とし、感染防止策を講じた上で、校長の判断により実施」(愛媛県、6月18日)

これらを見る限り、体育祭・運動会・文化祭等の校内行事は延期か中止、あるいは規模を縮小して実施していることが分かる。一方で修学旅行等の宿泊を伴う行事は延期か中止、あるいは訪問地を県内等に変更した学校が多かったのではないかと考えられる。

文科省の指示等が教育委員会を介してどのように学校に伝達されるかについては、「文科省の打ち出す教育政策の中で地方自治体の判断、裁量に委ねられる事案を中心に、首長の判断によって文科省から個々の学校に至るまでの『タテ関係』に変化が生じることは十分に想像できる」(堀内、2015）という指摘がある。例えば、文科省が5月15日に初等中等教育局長名で「特例的な対応」の方針を発出した後、5月28日に宮城県は「学習指導要領で定められた学習内容については、減じることはできない」としてあくまで学習指導要領の教育内容を遵守する方針を示している。地方分権が進む中で教育行政に対する首長の権限が強化されている昨今の状況を踏まえれば、必ずしも国の方針を自治体がそのまま受け取らない可能性はあるだろう。

4　コロナ禍のGIGAスクール構想

2019年12月、国は「Society 5.0」時代を見据え、児童生徒に「１人１台端末」と高速大容量のネットワークの整備を目標に掲げ、GIGA（Global and Innovation Gateway for All）スクール構想を打ち出した。Society 5.0とは、狩猟社会（Society 1.0）、農耕社会（Society 2.0）、工業社会（Society 3.0）、情報社会（Society 4.0）に続く、新たな社会を指すもので、内閣府の『第５期科学技術基本計画』（2016〜2020年度）で提唱された。AI、IoT（Internet of Things）、ロボット技術、ビックデータ等のデジタル技術を活用し、「経済発展と社会的課題を両立する、人間中心の社会（Society）」(3) である。2017年６月に閣議決定された『未来投資戦略2017』に位置づけられ、IT産業を軸にした新たな成長産業の創出と市場拡大が期待されている。

Society 5.0が総務省の『情報通信白書（平成30年度版）』で紹介された2018年当時の教育分野のICT（情報通信技術）活用の状況を示すデータを見ておこう。OECD（経済協力開発機構）の「生徒の学習到達度調査（PISA）」は、義務教育修了段階の15歳児を対象に読解力、数学的リテラシー、科学的リテラシーの３分野について、３年ごとに本調査を実施している。2018年の調査（PISA2018）(4) では、日本は学校外ではネット上でのチャットやゲームを利用する頻度の高い生徒の割合が高く、かつその増加の程度が著しい。他方、学校の授業におけるデジタル機器の利用時間が短く、OECD加盟国中最下位で、コンピューターを使って宿題をする頻度も最下位であった。教育再生実行会議は、「初等中等教育段階での無線LAN整備率は約35%である」（第11次提言中間報告、2018年１月18日）実態を捉えて、学校以外の社会や海外の教育分野のICT活用に比べ、学校のICT環境が脆弱であると指摘している[5]。「新しい時代の初等中等教育の在り方について（諮問）」（中教審、2018年４月17日）でも「学校のICT環境は脆弱であり、地域間格差も大きいなど危機的な状況」であることや「Society 5.0 時代の教師に、ICT活用指導力を含む子供たちの学びの変化に応じた資質・能力」が求められるという見解が示されている[6]。

GIGAスクール構想の2019年度補正予算は2,318億円、今年度の補正予算は2,292億円とほぼ同額である[7]。内訳は児童生徒の端末整備支援に1,966億円、学校ネットワーク環境の全校整備に71億円、GIGAスクールサポーターの配置に105億円、緊急時における家庭でのオンライン学習環境の整備に154億円である。「１人１台端末」の実現と家庭の通信環境の整備等を目的とするGIGAスクール構想を加速化することで学びを保障するICT環境を充実させることを目指している。

学校の休業が続く中で確かにオンライン授業への社会の期待は高まった。しかしながら、臨時休業中の小・中学校における「同時双方向型のオンライン指導を通じた家庭学習」の浸透はまだ鈍い。たとえ「１人１台端末」が実現してもすべての教師がICTを活用して指導できるようになるにはまだしばらく時間がかかるであろう。そのため教師のサポート役として「ICT支援員」の配置が新たに検討されている[8]。

他方、Society 5.0が今後の教育にどう影響するのか注視する必要がある。児美川（2020）は、Society 5.0が公教育のICT化と市場化による民間企業の参入を図るものであると指摘している。例えば、教育再生実行会議の第11次提言で取り上げられたSTEAM教育[9]の今後の方向性が中教審答申（2021年１月26日）において示されている。しかし、「産学連携STEAM教育コンテンツのオンライン・ライブラリーの構築」（第11次提言）のように民間教育産業の参入を前提にしており、公教育のICT化によって市場化が促進されるであろうことは疑う余地もない。

5　「社会に開かれた教育課程」の実現に向けて

2021年１月に中教審は『「令和の日本型学校教育」の構築を目指して～全ての子供たちの可能性を引き出す、個別最適な学びと、協働的な学びの実現～新しい時代の初等中等教育の在り方について（答申)』(2021年１月26日）を公表した。知・徳・体を一体で育む「日本型学校教育」を発展させ、Society 5.0の変化に対応したICT化による教育改革が新たな「日本型学校教育」のねらいでわざわざ「令和の」を付記した意味はそこにあるのだろう。「個別最適な学び」と「協働的な学び」、すなわちICTを活用した個別の教科学習と他者との協働を通じた探求学習によってSociety 5.0時代に求められる資質・能力を育成することを目指している。

しかし、Society 5.0という国家戦略の道具ともなりうる新自由主義的教育政策は、「個別最適化された学び」という喧伝のもとに学習を個人化し、学校という共同体における学びの価値を後景に追いやる危険をはらんでいる。

新学習指導要領は2019年度から幼稚園で実施され、2020年度から小学校、2021年度から中学校で全面実施、高等学校では2022年度から年次進行で実施される。新学習指導要領では、学校教育と社会教育との連携による「社会に開かれた教育課程」の実現と児童・生徒の資質・能力を育む「主体的・対話的で深い学び」が示されている。

「社会に開かれた教育課程」は、地域や世界の人々とのリアルなつながりの中で探求する学びを志向しなければならない。さらに、コロナと共存する時代に「主体的・対話的で深い学び」はいかにあるべきか、アクティブ・ラーニングの可能性についても早急に検討する必要がある。文科省が示す「特例的な対応」としての学習活動の重点化とは、学校が独自に判断しカリキュラムマネジメントで対応することが本旨のはずである。学校における学びの価値や教師にしか出来ないこととは何か、が問い直されている。

注

(1)文部科学省「新型コロナウイルス感染症の影響を踏まえた公立学校における学習指導等に関する状況について」https://www.mext.go.jp/content/20200717-mxt_kouhou01-000004520_1.pdf

(2)住田昌治「臨時休校から1ヶ月半、学校は今：ずっと変わらなかった「当たり前」が変わっていく好機に」(朝日新聞デジタル論座　2020年4月19日付)https://webronza.asahi.com/national/articles/2020041700003.html

(3)総務省「情報通信白書(平成30年度版)」https://www.soumu.go.jp/johotsusintokei/whitepaper/ja/h30/html/nd102300.html

(4)文部科学省「OECD生徒の学習到達度調査(PISA)の調査結果」https://www.mext.go.jp/a_menu/shotou/gakuryoku-chousa/sonota/detail/1344310.htm

(5)教育再生実行会議「第11次提言中間報告」https://www.mext.go.jp/b_menu/shingi/chukyo/chukyo0/gijiroku/_icsFiles/afieldfile/2019/01/28/1412916_5.pdf

(6)文部科学省「新しい時代の初等中等教育の在り方について(諮問)」https://www.mext.go.jp/b_menu/shingi/chukyo/chukyo0/toushin/1415877.htm

(7)文部科学省「GIGAスクール構想の実現へ(令和2年度補正)」https://www.mext.go.jp/content/20200625-mxt_syoto01-000003278_2.pdf

(8)中央教育審議会「「令和の日本型学校教育」の構築を目指して～全ての子供たちの可能性を引き出す、個別最適な学びと、協働的な学びの実現～新しい時代の初等中等教育の在り方について(答申)」https://www.mext.go.jp/content/20210126-mxt_syoto02-000012321_2-2.pdf

(9)STEAM教育とは、科学(Science)、技術(Technology)、工学(Engineering)、芸術(Art)、数学(Mathematics)等の各教科での学習を実社会での課題解決に生かしていくための教科横断的な教育。

引用・参考文献

アジア・パシフィック・イニシアティブ(2020)『新型コロナ対応・民間臨時調査会：調査・検証報告書』(ディスカヴァー・トゥエンティワン、2020年)

児美川孝一郎「ICT化と市場化に揺れる学校の公共性：Society 5.0と学校教育」日本子どもを守る会編『子ども白書2020』(かもがわ出版、2020年、86～90頁)

篠原岳司「教育委員会の役割はこれまでと変わるのか？」村上祐介編著『教育委員会改革の5つのポイント：「地方教育行政法」のどこが変わったのか』(学事出版、2014年、66～74頁)

藤森毅『教育委員会改革の展望』(新日本出版社、2015年)

堀内孜「教育委員会制度改変と学校経営の自律性：公教育経営における教育行政と学校経営の新たな関係」(『日本教育経営学会紀要』第57号、2015年、2～13頁)

※本稿は『季刊 人間と教育』108号(民主教育研究所編、2020年12月、52～59頁)が初出である。

第3章　公民館
―公民館は新型コロナにどう向き合ったか―

岩松 真紀・伊東 静一・菊池　稔

1　そもそも公民館とは何か

新型コロナ感染症（以下、新型コロナ）の拡大前から、教育は学校のなかだけのものだと扱われがちだった。本質が自己教育・相互教育にあるとされる社会教育は、そのような認識のもとでコロナ禍において社会から「不要不急」であるとされたのではないか。

2020年5月、福岡県久留米市で『まちびと会社　ビジョナリアル』により開始された「オンライン公民館」という取り組みには、人と人のつながりをつくるだけではなく、その準備から実施過程にもかかわる人びとの学習がある。この民間中心の取り組みは、姫路市、豊田市、尼崎市、福津市、木更津市などにもひろがり、全国を結ぶ「オンライン公民館JAPAN」という動きにつながった（おきな他、2020）。

これから取り上げる公民館は、社会教育法に基づき各自治体内の条例で規定される公立公民館である。いうまでもなく公民館は「市町村その他一定区域内の住民のために、実際生活に即する教育、学術及び文化に関する各種の事業を行い、もつて住民の教養の向上、健康の増進、情操の純化を図り、生活文化の振興、社会福祉の増進に寄与することを目的」（社会教育法第20条）とする社会教育の機関である。

文科省の社会教育調査（2018年）によれば、公民館は全国に約14,000館あり、減少が続いているとはいえ図書館が約3,000館であることと比較して、また市（区）町村立公民館の設置状況も平均約82％であり（福井・長野・愛媛・

大分の各県は100％、もっとも少ない東京都で約31％）、学校と並んで地域住民にもっとも身近な教育機関であるといえる。『公民館における新型コロナウイルス感染拡大防止ガイドライン』（全国公民館連合会）の特徴は「公民館再開時の留意事項を中心」としたものであり、「最終的には各館がリスクを見極め責任主体として判断していくことが前提となっている」（岡、2020）のも、設置者である各自治体の判断を考慮したものであろう。

ここでは、大まかな全国的な動向を踏まえて、当初より感染者の多かった東京都、最後により具体的な事例として東京都福生市の公民館の取組みを紹介する。

2　コロナ禍の公民館の対応

『月刊社会教育』2020年９月号は、2020年３月末から６月中旬まで（第一波）における１都３県の公民館休館調査の結果を紹介している。休館開始日は多様であったものの、緊急事態宣言（4/7）以降開館していた例がほとんどなく、６月末にはほぼすべて休館を終了していた（特集小委員会、2020）。2020年11月号「新型コロナウイルス対応と社会教育」では、第一波に対する社会教育への影響を報告し、「（社会教育施設全般について）休館した施設のなかには、休館中であってもそれぞれの施設が持つ機能を果たそうとする取り組みが行われた」こと、「長期間にわたる公共施設の閉鎖や市民の文化・学習活動の中止、感染リスクの高い市民や感染の可能性のある人の利用制限がどこまで認められるのか」について「経済問題とは別の『権利の制限』という問題があること」が指摘されている。（石山他、2020）

日本公民館学会の自治体調査（全54市町村・第１次緊急事態宣言期間）によると、全面休館が32自治体と最も多く、窓口のみ継続していた自治体を加えると37自治体であったが、実際には各地域の状況にあわせ一部業務を継続した自治体も存在した（岡、2020）。岡山市の公民館は３月５日から主催事業やクラブ講座を中止したものの、閉館せずに図書の貸出しやロビーの使用、部屋の貸出しも「三密」を回避する形で継続した（田中、2020）。また、講座準備のために必要な話し合い、クラブ代表者会等は実施している。「公民館だより」やホームページでコロナ禍での暮らしの工夫や近況メッセージを募集し、寄せられたものをホームページ等で発信したり、手作りマスクの助け合いBOXを公民館に設置して集め地域内の必要な場所に寄贈した。オンラインで実施していた日本語教室を発端として、フードドライブも実施している。長野県でもさまざまなオンラインの取り組みが実践され、今後「Webも対面も」になっていく可能性が示された（木下、2020）。

１回目の緊急事態宣言解除後、全国的に公民館も再開されていった。しかし、2020年秋に行われた第42回全国公民館研究集会・第60回関東甲信越静公民館研究大会千葉大会は映像と大会報告書による開催となり、2021年２月に実施予定だった第57回東京都公民館研究大会もオンデマンド動画配信と資料のウェブサイト掲載という形となった。２回目の緊急事態宣言下での全国的動向をまとめて追えるものは現時点ではないが、閉館とせず、感染対策を継続しつつ夜間貸出の禁止や職員のテレワークの推奨にとどまるところが多いと思われる。

3　緊急事態宣言と東京都の公民館

（1）東京都公民館連絡協議会とは

現在、東京都の区部には公民館はなく、生涯学習センターや文化センターがあるのみである。１回目の緊急事態宣言下でそれらが休館していたことは、月刊社会教育９月号の調査（特集小委員会、2020）により明らかになっている。ここでは公民館がある多摩地域のなかでも東京都公民館連絡協議会（以下、都公連）に加盟している11市（昭島市、国立市、小金井市、小平市、国分寺市、狛江市、西東京市、東大和市、日野市、福生市、町田市）を対象に分析する。

新型コロナの拡大に際し、2020年２月下旬から６月初旬まで、加盟する各公民館の利用状況や主催事業実施に関する情報等を、都公連事務局市の公民館がほぼ毎日（２回目の緊急事態宣言時は適宜）電子メールにより情報収集・発信し、加盟公民館内で共有していた。このような取組みが成り立つ背景には、「館長部会」「公民館運営審議会委員部会（以下、公運審部会）」「職員部会」の活動が活発であり、特に職員部会と公運審部会ではほぼ毎月定例の部会が開かれ、加盟公民館同士の情報が比較的共有しやすい状況にあった。

（2）緊急事態宣言下から再開までの多摩地域の公民館の対応（表3-1）

2020年２月時点の陽性者数は34人であったが（東京都防災ホームページ）、多摩地域内の公民館は新型コロナの拡大を恐れて、飛沫感染のリスクが高いとされるコーラスグループや調理室などの利用を制限し、２月中旬以降に予定されていた公民館主催事業を中止・延期したが、公民館は開館されていた。この時期の公民館職員は、新型コロナへの対処は初めての体験であり、アルコール消毒液の確保や各部屋の利用後に次亜塩素酸によるイスやテーブルなどの消毒作業などを通して緊張感を高めていった。そして、小・中・高校が休校とされると、多摩地域のほとんどの公民館が３月初旬から６月上旬まで休館となった。４月７日の緊急事態宣言発令にともない、自治体の各職場で職員の出勤が７割減とされた。公民館の休館中、公民館利用者は仲間との出会いや学びの機会を失うことにより、孤立する不安と新型コロナの恐怖を職員に伝えていたが、公民館が独自の判断で住民を集めるといった対応ができる状況ではなかった。

職員も緊急事態宣言が解除されるまでの間、在宅と公民館での勤務を交互に行った。しかし、在宅勤務では自治体のコンピューターネットワークに接続できないため、財務処理、事業の企画立案、住民との情報交換等ができなかった。以前より外部から自治体内ネットワークシステムに接続できない仕組みであることはわかっていたが、役所内に保有する個人情報や予算・決算、契約に関わるデータの保護のために困難であった。特に、職員各自に一台の情報端末が配布されるようになってからは、公民館が独自に外部との情報を

表 3-1　緊急事態宣言発令後の状況調査結果①
（東京後の状況調査結果①（東京都公民館連絡協議会/伊東作成）

質問項目		回答データ（筆者が選択して記述）	
1	公民館・生涯学習センターの閉館状況について	1-1　閉館 閉館：○	都公連加盟店すべてが休館対応
		1-2　閉館期間	3月1日〜6月7日までの間（各自治体によって閉館開始と再開館日時は異なっている）
		1-3　その他（印刷機貸出状況等）	コピー機、印刷機、公共施設予約システムの理由も中止、5月26日から印刷機は条件付で貸出可（要予約。1回につき30分まで。マスク着用1-2名で）。
2	イベント、行事、講座について	2-1　イベント、行事の実施、中止判断時期（ホールや全館を使った比較的大規模なもの。まつりや大会など）。	9月までの公民館主催事業は中止。緊急事態宣言期間中の各公民館恒例の公民館まつりは全て中止。
		2-1-1　イベント、行事中止期間	9月までの公民館主催事業は中止。自治体によっては、10月〜11月3日まで開催される市民文化祭も中止。
		2-2　講座実施、中止判断時期（集会室等を使用した主催講座など）	5月末に上半期を決定（例年上半期は文化祭準備のための主催講座をあまり入れていない）下半期以降は未定
		2-2-1　講座中止期間	9月末まで
3	貸館について	3-1　利用開始日、申請方法	6月2日より消毒・換気・マスク着用・ソーシャルディスタンスの確保など踏まえて、各部屋の定員を半減し、段階的に開館。夜間利用や料理や調理室・ロビー等の利用は中止。6月分利用団体に電話周知。HP・市報（6月1日号）周知
		3-2　利用のルール	市の公共施設再開ガイドライン及び公民館ガイドラインを作成、リスク洗い出しの上ルール化。マスク着用の徹底、出入り口での手指消毒、人間同士2mの距離確保、一定時間での換気を徹底、37.5℃以上の利用不可、2週間以内に海外渡航歴のある方不可。参加者名簿作成しサークル保管。利用後の消毒のお願い。活動内容によっては制限あり。
		3-3　利用の制限	カラオケ、合唱、吹奏楽、軽体操、ヨガ、ダンス、調理、囲碁、将棋などは不可、定員の削減がほぼ共通。各サークルにより、利用形態は様々なので、利用予約しているサークルと事前相談を実施した公民館もあった。学習室の人数制限（学習室の面積を、1人あたり前後左右1mの間隔を確保した面積（4m²あたり1人）で割った数を制限人数とする）・麻雀、ボードゲーム、社交ダンス、激しいダンス、不特定多数が参加するイベント活動は制限する。
		3-4　申請方法（窓口、電話、予約システムがある場合照会のみか予約可能か）。	予約システムをいつから稼働させるか検討。窓口での予約は蜜になる可能性が高いので好ましくないと考えている。6月1日〜7日…8月分抽選申込。6月9日〜15日…8月分抽選確定期間。6月16日…6月17〜30日、7月分、8月分随時申込開始など、多様な状況。
		3-5　通常の申請開始日と申請可能期間	一例として6月2日〜6月30日分申請は5月1日抽選会。7月1日〜7月31日分申請は6月2日抽選会（ただし、緊急事態宣言解除等の状況により、6月2日抽選日の変更も検討する可能性あり）。各公民館で異なっている。
		3-6　課題等	①検温実施を検討したが、そこに割ける人員の確保ができない。 ②使用箇所の消毒を利用者に任せて良いのか、職員又は清掃業者などが実施すべきではないか。 ③3-3での利用制限を実施した場合、利用できる活動が制限され、ほぼ利用できないのではないか。 6月分の先着受付と、7月分の抽選会が6月2日の開館時間に重なるため相当の混雑が予想される
4	その他	4-1　自由意見	

受発信できる情報端末を運用することができなくなっていた。それは、予算の都合もあるが人為的なミスによって自治体内のネットワークシステム内から外部へ情報が流出するリスクを考え、あえて公民館などの施設が単独のホームページを作り情報を直接外部に発信できる仕組みを作らないようにしてきた経緯もある。しかし、今日では公民館利用者の多くは日常的にインターネットを利用し、ラインやメール、ツイッターなどで情報の受発信をしている。情報の受発信に慣れている公民館利用者からは、休館となった公民館（職員）から何の情報も発信されていないとの印象が高まり、職員が何もしていないのではないかと疑念も生じた。また、自粛生活の中で継続的な自主グループ活動ができなくなったり、解散した団体もある。

職員は休館中減員の職員体制の中でも、感染リスク軽減のための新たな業務の増加と、主催事業の変更や中止連絡等の対応に追われた。また、緊急事態宣言中の５月には一人10万円の特別定額給付金、休校中の学校の校庭開放にともなう子どもたちの見守り活動等に動員されたケースも多くあった。職員の中では、職員間での日常会話の必要性や事業企画での話合いなどを通した合意形成の重要性も実感されたが、「今までつながりのなかった方と出会い知り合うことができ、新たな講座を開催できるようになった」等の新たな可能性も現れてきた。

そして、５月の連休明けから下旬にかけて感染者数が減少し、緊急事態宣言が解除される見通しが出てきた公民館の再開館に向けて、全国公民館連合会作成の「公民館における新型コロナウイルス感染拡大予防ガイドライン」を参考に、各公民館で「新型コロナウイルス感染拡大防止運営方針」を作成した。主な内容は、公民館利用者の密集・密接・密閉の三密を防ぐために、部屋の定員や机・椅子の数を減らし、飛沫防止シールドを設置するなどの対策となった。その結果、公民館の利用に際してはマスクの着用、人と人との距離の確保（フィジカル・ディスタンス）、利用前の検温や体調の確認など、「新たな生活様式（ニューノーマル）」に即した利用を求めるようになった。なお、一部の公民館では、利用者の住所・氏名・連絡先などの個人情報を提出させていたケースがあった。個人情報を職員が持つことを疑問に思わない職員もいれば、あえて利用中だけ預かり「利用中に万が一発症といった時には対応すべき責任がある」と主張をする職員もいた。個人情報の取得と保護のために、今後の個人情報の取り扱いにも課題が残る。

都公連加盟市の公民館調査の自由記述欄に、職員としての再開館に向けての悩みや戸惑いが記述されていた。

○消毒作業のため、使用時間の短縮（１区分３時間の内20分程度）や定員を削減して利用再開することを検討している。無料での利用団体は良いと思われるが、有料で貸出しする団体に制限をかけるとしたら、使用料の減額などを検討する必要があるのではないか。

○貸し部屋としての利用は団体としての判断だと思われるが、コロナ禍で市が主催し人を集めて良いのか。万全の対策をとれば大丈夫なのか悩ましい。

○保育事業について、他市の状況はどのようになっているのだろうか。囲碁・将棋・麻雀などのサークルの扱いはどうしているのだろうか。

公民館利用者には、再開館後も感染不安を払拭できず利用再開を逡巡している高齢者中心の団体もあった。他方で、インターネットを利用した情報交換や発信を始めた利用者・団体もあり、直接住民同士が出会う「場」が変容している現状と意味を考える必要がある。

（３）第二期緊急事態宣言下の都公連での情報収集と共有（表3-2）

2020年から2021年にかけて２度発令された緊急事態宣言の間は、約半年の間があった。多くの自治体で、とくに義務教育については児童・生徒全員に情報端末が行き渡るような対応が目指された。しかし、公民館・図書館・体育館などの社会教育・生涯学習施設には、職員や住民からWi-Fiやインターネットに接続できる情報端末の強い設置要求があったにもかかわらず、十分な対応ができた自治体は少なかった。2022年度の予算要求においても、多くの自治体が新規に情報機器の購入や整備費用を認められていない。

それでも、2020年度中に情報機器とソフトウエアが導入できたいくつかの

表 3-2　緊急事態宣言発令後の状況調査結果②（東京都公民館連絡協議会/伊東作成）

		質問内容	
1	閉館状況	1-1　開館状況	ほとんどの自治体で一部閉館としている
		1-2　閉館期間（2、3を選択された場合）	当初、1月9日から2月7日までとしたが、3月7日まで延長されている
		1-3　備考（一部閉館の内容等を記入）	夜間貸出中止。あるいは、早い館は18時から、遅くても20時までに閉館。既存の予約団体には活動自粛を要請（やむを得ない場合は19時30分までに活動終了するよう要請）
2	サークル活動	2-1　サークル活動の制限の有無（○の場合、2-3に内容を記入	8自治体が制限あり。3自治体は制限がなしとしている
		2-2　制限の期間	1月13日から2月7日までとしたが、3月7日まで延長されている
		2-3　制限の内容	管楽器の演奏、カラオケ・合唱等についての利用人数を各部屋定員の1/4とする他、夜間や調理室の利用禁止。公民館内での飲食不可など
		2-4　備考	現状の感染予防対策の徹底に努める。取消によるペナルティを免除する。現状の感染予防対策の徹底に努める。
3	イベント、行事、講座	3-1　イベント、行事、講座の制限の有無（○の場合、3-3に内容を記入）	4自治体が制限あり。他はなしとしている
		3-2　制限の期間	1月8日から2月7日までとしたが、3月7日まで延長されている
		3-3　制限の内容	夜間実施講座や重症化リスクの高い方向けの講座の一部中止。担当者会のオンライン開催。歌唱や飲食を伴う講座の内容変更。
		3-4　備考	不要不急の外出自粛を市民に呼びかけ周知。講座については、部屋の定員に収まる人数（通常のおよそ1/2）で募集し開催。障害のある青年の交流講座は中止。現状の感染予防策の徹底に努める。
4	貸館の業務	4-1　利用制限の有無（○の場合、4-3に内容を記入）	9自治体が制限あり。2自治体はなしとしている。
		4-2　制限の期間	1月8日から2月7日までとしたが、3月7日まで延長されている
		4-3　制限の内容	利用人数制限（定員の50%）、夜間時間帯の新規予約の停止。水分補給以外の飲食不可、調理実習不可
		4-4　備考	現状の感染予防対策の徹底に努める。
5	職員の勤務状況	5-1　職員の勤務内容等の制限の有無（○の場合、5-3に内容を記入）	9自治体が制限あり。2自治体はなしとしている
		5-2　制限の期間	1月8日から2月7日までとしたが、3月7日まで延長されている
		5-3　制限の内容	時差出勤、テレワークの推奨。主催、参加する会議は可能な限りWeb会議とする。定時退庁を基本とし、時間外勤務については19時までとする
		5-4　備考	
6	自由意見		談話室に於いて、10月1日以降、食事（弁当など）は可能としてきたが、宣言を受けて1月12日から食事を不可としている。（市の全体方針）公共施設は原則、開館し、感染防止対策のうえ、事業を継続し、特に20時以降の活動自粛を促している。

公民館では、インターネット接続による講座や工夫された情報の発信を始めて、これまでの公民館利用者以外への情報拡散によるメリットが生まれている。職員部会でもオンラインで事例報告や意見の交換などの実験的な取組みが行なわれたり、都公連と東京学芸大学との協働研修もオンラインによる研修となったが、ほとんどの職員が自宅や公民館から参加できた。

２回目の緊急事態宣言下での多摩地域の公民館・生涯学習センターの状況を都公連が把握し情報を共有していた。

自治体の方針によって公共施設の開閉館の状況が異なるが、ほとんどの自治体は一部閉館として夜間の活動自粛を求め、利用人数を利用する部屋の定員の50％に設定している。主催講座については、夜間講座は時間帯の変更や中止となり、障害者青年学級等は中止とされた。また、重症化リスクの高い人たちを対象とした講座は中止され、歌唱や飲食を伴う講座の内容は変更された。しかし、一部ではあるが、感染防止対策をしたうえで事業を継続し、20時以降の活動自粛を依頼し、通常開館を維持した公民館もある。

都公連は、１月24日に実施された第57回東京都公民館研究大会を動画で配信している。基本的人権に基づいた多様な学習体制を支援する取り組みは、試行錯誤ではあるが新たな公民館デザインとして始まっている。

4　公民館における新型コロナ対応の模索

福生市は東京都西部にある人口約６万人の市である。福生市公民館は、本館と分館（白梅分館・松林分館）の計３館で公民館事業を展開している。

（1）緊急事態宣言後の対応と影響

福生市公民館においても緊急事態宣言に基づいて４月７日から５月31日まで休館措置をとり、一時的に公民館活動を停止した。休館中の職員は、市民や公民館利用者の学習を途絶えさせないための方法を模索することを余儀なくされた。５月25日に緊急事態宣言が解除され、国や都のガイドラインに基づいて福生市公民館でも6月2日に多摩地域でいち早く開館した。しかし、開館にあたって、①部屋の収容人数の半数での実施、②活動後の部屋の消毒作業、などの感染拡大防止策を利用者に求めるものであった。再開館後は新型コロナの感染を懸念して活動を自粛する利用者が多く、公民館は気軽に集い交流し学び合う開かれた学習空間から、閉塞した学習空間へと利用者の意識が変化してしまった。時間が経つにつれて利用者内でも独自にコロナ禍での公民館活動を模索し、活動が盛んになりつつある。一方で、この状況下を打破できず公民館を去る利用者も出てくるといった状況が生まれた。今後は、このような状況を少しでも埋める方法を模索し続けることが、学習の支援者として公民館職員に求められている。

(2) ウィズコロナの公民館実践の模索と課題

福生市公民館では、コロナ禍で公民館利用者や市民の学習を途絶えさせない取り組みや閉塞したイメージの脱却に向けて、新たな実践の模索を始めた。その成果の一部が、①公民館広報紙を活用した誌面講座の実施（本館）、②「ちょこっと学ぼうデジタル公民館」の動画配信（松林分館）、③心を癒す空間の創造とした館内緑化活動（白梅分館）である。

本館では公民館広報紙を活用した誌面講座の実施を行っている。誌面講座は、文字通り広報紙に数ページにわたって講師に寄稿していただいた原稿を掲載し、市民全員が自宅で、講座を受講できるように公民館講座のあり方を模索していた中で生まれた取り組みである。2020年度に公民館広報紙（公民館ふっさ）が計3回発刊された。

松林分館では「ちょこっと学ぼうデジタル公民館」と銘打って、福生市が登録しているYoutubeチャンネルにコロナ禍における生活のヒントになる動画をアップロードし、自宅等どこでも学習機会を保障することを目的として始まった。現在3本の動画をアップロードし、誰でも閲覧できるようになっている。

白梅分館では、利用者がコロナ禍で気軽に集えなくなったこと、日常生活でも殺伐として心が安らぐ場がなくなってしまい、公民館の花壇を使わせてほしいと職員に相談されたことが契機となり、利用者と職員で心の癒し空間創造のための緑化活動がはじまった。それまで花壇は公民館職員の手によって管理されていたが、活動を通して利用者が持ち込んでくれたチューリップや日々草などが植えられ色鮮やかで心が安らぐ花壇となった。現在は、この活動に興味関心をもった利用者や市民が緑化活動に協力的になり、花壇をとおして交流の場が構築されるようになってきた。

公民館の課題として、当面の間、対面で集い交流し学び合うという公民館の役割を果たせない状況が続くと思われる。このような未曾有の事態においても市民の学習を止めない学習方法と仕組みづくりを、今後も模索し続けていくことが求められる。

5　「公民館の底力」が試されている

新型コロナに関してインターネットやマスメディアから何が正しいのかわからない多くの情報が流れ、自粛の「要請」という形でそれぞれの判断が問われる状況で、公民館は何ができたのか、その一端があきらかとなった。公の教育機関として、地域で必要とされた人との関係性の中にある教育をどう保障していくのかが問われていた。移動や人との接触が制限される中で生み出されたオンラインによるいわば公民館のアウトリーチは、これまで時間を含む様々な理由で公民館に来れなかった層にとっては大きな可能性でもある。一方で、インターネットが使用できない状況にある人びとの学習権を保障する場として、公民館が位置づけられていくことも求められるだろう。オンラインだけでなく、小学校区・中学校区単位で地域に位置づけられた教育機関である「身近な」公民館が担えるものもあるはずだ。そのためには、地域を知るからこそできる話し合いや各館での判断、自治体での判断が重要になる。

岡山市での実践は「公民館の底力」が活かされたものであり、それを担う人たちがそれぞれの公民館活動の中で育っていたからこそ生まれたものである（田中、2020）。コロナ禍で問われたのは、それまで公民館が、地域に自ら考えられる人をどのくらい育てていたか、住民の学習が保障されるような行政を住民が培っていたか、困難な中にあってさえ実現されるべき社会教育とは何かを理解する職員がいるか、ではなかっただろうか。

引用・参考文献

石山雄貴・岩松真紀・朝岡幸彦「緊急報告　新型コロナウイルス対応と社会教育」、月刊社会教育No.774、旬報社
岡幸江「公民館は非常事態宣言下でいかに模索したのか―日本公民館学会WEB調査より―」、日本公民館学会年報、2020年、17巻
おきなまさひと・中村路子「オンライン公民館の可能性―「くるめオンライン公民館」の実践―」、日本公民館学会年報、2020年、17巻
木下巨一「公民館・社会教育におけるWeb活用の可能性―新型コロナ禍を受けた長野県の試みから―」、日本公民館学会年報、2020年、17巻
田中純子「新型コロナウイルス感染症と公民館―岡山市の公民館の取り組み―」、日本公民館学会年報、2020年、17巻
「緊急調査　新型コロナ対策　公民館休館調査」、月刊社会教育No.772、旬報社

第4章　図書館
—ポスト・コロナの図書館に向けて—

石山 雄貴

1　「教育と文化の発展に寄与する」機能の維持

新型コロナウイルス感染症対策は、私たちの暮らしに変化を迫り、一定の行動の制約を求める。2020年４月の緊急事態宣言発出の際に日本ペンクラブが発表した声明「緊急事態だからこそ、自由を」では、「私たちの目の前にあるのは、命か自由かの選択ではない。命を守るために他者から自由に学び、みずから自由に表現し、互いに協力し合う道筋をつくっていくこと。それこそが、この緊急事態を乗り越えていくために必要なのだ」と指摘している。また、学習権は「文化的贅沢品」でなく、「生存の問題が解決された後にはじめて生じる権利」ではないことが確認されている（ユネスコ学習権宣言）。それゆえに、新型コロナウイルス感染拡大下だからこそ、「教育と文化の発展に寄与する」（図書館法第１条）図書館の機能を維持しなくてはならず、そのための変化が求められている。

ここでは、まずこれまでの図書館のあり方を確認し、緊急事態宣言への対応を中心にコロナ禍における図書館の主な対応を概観した上で、ポスト・コロナの図書館への移行のあり方について考える。

2　コロナ禍以前の図書館をめぐる状況

(1) 全ての人に開かれた図書館

図書館は、住民一人ひとりが持つ知的自由の保障のために、求めに応じて資料を確実に提供する公共施設である。1970年日本図書館協会から発表された『市民の図書館』は、資料提供とレファレンスサービスを図書館の基本の仕事と捉え、市民の求める図書を自由に気軽に貸出すこと、児童の読書要求にこたえ、徹底して児童にサービスすること、あらゆる人々に図書を貸出し、図書館を市民の身近に置くために、全域へサービス網をはりめぐらすことを最重点目標とする図書館像を提起した。それは、図書館法で示された理念を実質化できずに図書館活動が停滞する当時の状況を打破し、今日に至る図書館サービスの基盤となっている。また、日本図書館協会は、『図書館の自由に関する宣言（1979年改訂）』において「すべての国民は、いつでもその必要とする資料を入手し利用する権利を有する」こと、そして「この権利を社会的に保障することに責任を負う機関」が図書館であることを表明した。さらに、視覚障害者の図書館利用の課題を契機に提起された「読書権」は、視覚障害者の問題から拡大し、「何らかの理由により読書することができない、または困難な環境にあるものが自由に読書できるような条件を整備することを国や自治体に要求する権利」と定義されている。例えば、今日では、視覚障害者を対象とした点字図書や録音図書、聴覚障害者を対象とした字幕付きDVDの提供、外国人を対象とした外国語資料の提供をし、幅広い図書館資料を備えている。

そのほかにも、全ての人に図書館サービスを保障するために、来館が不可能な人たちへの館外サービスも展開してきた。その一つである移動図書館は、車で資料と職員を運び、地理的・施設的障害や心身の障害、高齢などの環境的・社会的理由から図書館を訪れることが困難な人に貸出やレファレンスなどの図書館サービスを保障してきた。移動図書館は災害時にも活躍し、図書館へ通う手段を持たない被災者に対し図書や復興に関する資料が届けられている。

（2）公立図書館の市場化

図書館は、いかなる人でも、どこにいても、どの図書館に行っても、必要とする資料にアクセスできるように活動を発展させてきた。しかし、1990年代以降、地方財政の悪化のなかで推進された公共サービスの市場化は、現在に至るまで図書館に大きな影響を与えている。社会教育調査（文部科学省）によると、専任職員は15,474人（1996年）から10,939人（2018年）へと約4,500人減少している。また、全職員（専任・兼任・非常勤）に対する非正規職員の割合は22.8％（1996年）から60％（2018年）に急増している。指定管理者制度による民間雇用者数も含めるとその割合は68.3％（2018年）に上る。

図書館の指定管理者制度の導入は、図書館理念と利潤を求める事業者との間にミスマッチを起こしている。図書館は、図書館法で無料原則が定められているため、指定管理者となった事業者が利潤を高めるためには人件費を切り詰め、専門職員である司書たちは低賃金で雇用されることとなる。また、指定管理者制度は５年等の期間制限があるため、被雇用者は５年で雇用が打ち切られる。その結果、司書たちの貧困が生み出されている。さらに、事業者や自治体によっては、図書館の運営の理念やサービス手法も含めて事業者に丸投げしたり、図書館運営のノウハウを持たない事業者が運営することで、これまで蓄積してきた公共図書館の理念が放棄される状況も生まれている。例えば、日本図書館問題研究会は『CCCの運営する図書館（通称「TSUTAYA図書館」）に関する問題についての声明』を発表し、自治体の意思決定と手続きに関わる問題や図書館の機能よりも営利面及び空間演出を優先していること、図書館を利用する個人の情報がCCCに利用される懸念、専門性のない事業者に対する監督の名目で「図書館の自由」への介入を招いたことを問題視している。

3　コロナ禍における図書館の対応

（1）全国の公立図書館の休館状況

2020年２月、政府は、新型コロナウイルス感染症対策の基本方針を決定した後、大規模イベントの自粛、学校の一斉臨時休校の要請を行った。こうした動向を受けて全国の図書館では、おはなし会等のイベント中止が相次ぎ、なかには子どもの入館を制限した図書館もあった。その後、４月７日に７都府県に緊急事態宣言が発出されたことを契機に、全国で休館する図書館が増加した。saveMLAKの調査によると、４月15日、16日の時点で、都道府県立図書館47館中30館（63.8％）、市町村立図書館（図書室）1,502館中858館（57.1％）が休館した。特に、４月７日に緊急事態宣言の対象となった７都府県の休館率は96.9％（355館中344館）で、ほぼ全ての図書館が休館した。

非常事態宣言解除後、図書館は開館し始め、10月時点では、休館している図書館は極めて少数となった。その後12月に入り、都市圏を中心を感染者数の急増が見え始めた。しかし、多くの図書館では休館の措置を取らずに、感染症対策をしながら開館を続けた。感染拡大下の10都道府県を対象としたsaveMLAKによる調査（12月18〜19日実施）でも、休館した図書館数は525館中６館であった。さらに、2021年に入ると１日に発表される感染者が7,000人を越す第３波のピークが現れ、２度目の緊急事態宣言が発出された。発出後も、休館している図書館は3.3％で微増しているものの、ほぼ全ての図書館が開館し続けたことがわかる。2021年１月８日に対象となった４都県でも、埼玉県22館（64館中）、東京都１館（61館中）、千葉県２館（55館中）にとどまった（saveMLAK、COVID-19の影響による図書館の動向調査/１月９〜11日実施）（**図4-1**）。

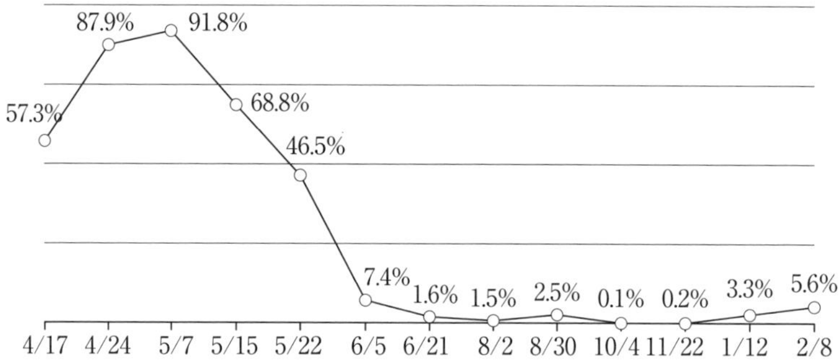

図4-1　閉館する図書館数割合の推移
（saveMLAK COVID-19の影響による図書館の動向調査をもとに筆者作成）

（2）緊急事態宣言下の都道府県立図書館の対応

2020年４月７日に緊急事態宣言の対象になった７都府県立図書館は、緊急事態宣言発出以前からすべて休館措置をしていた。一方で４月16日特定警戒都道府県に追加された６道府県立図書館はその休館時期、休館期間にばらつきがあった。政府が発出する前に独自の非常事態宣言を発出していた北海道立図書館や追加されたなかでも人口が多い愛知県図書館は比較的早くから休館を始めたが、特定警戒都道府県のなかでも感染者が少なかった石川県立図書館、茨城県立図書館は４月に入ってから休館した。３月上旬の時点でまだ休館していなかった県立図書館では、イベントの中止のほか、閲覧室や展示室、自習室等の利用制限や、小学生の一部利用制限（小学生は保護者同伴のみ入館可）、滞在時間の制限等の措置が取られた。

休館中は、図書館機能を完全に止めたのではなく、各図書館は休館中でも可能な様々な対応をしてきた。13都道府県すべての都道府県立図書館で、電話等によるレファレンスサービスを実施していた。なかには、SNS上での図書紹介や予約資料の郵送、複写の郵送での受け渡し、予約本の臨時窓口を設置した図書館もあった（**表4-1**）。

開館時期を見てみると、大阪府立図書館は緊急事態宣言が解除する前に開館を始めたが、それ以外の図書館では解除後数日経ってから開館した。なかには、岐阜県図書館や石川県立図書館、京都府立図書館のように緊急事態宣言の解除日が早まったことに合わせて開館時期を早めた図書館もあり、緊急事態宣言解除が開館を決める一つの目安として働いていたように推測できる。ただし、神奈川県立図書館のように緊急事態宣言が解除されてから１週間以上日数が経過してから開館を始めた図書館もあった。

開館にあたり、閲覧や一部スペースの利用制限や、開館時間の短縮、インターネット端末等の共有機器の利用制限がされた。また、レファレンス等の対面サービスは、引き続き中止もしくは時間制限の対応が取られた。千葉県立図書館や石川県立図書館では、返却図書の一定期間利用停止の措置を行っ

表4-1　緊急事態宣言下（2020年4月）における主な図書館の対応（各図書館HP、SNSをもとに筆者作成）

		閉館時期（日数）	休館中の主な対応（一部）	開館時の主な対応（一部）
4月7日緊急事態宣言対象都府県	埼玉県立図書館	2/29-5/31（93日間）	電話等による調査・相談、ウェブサイト上の電子サービスについて受付	利用者カードによる入館記録の取得または「緊急時連絡先記入用紙」への記入
	千葉県立図書館	3/4-5/25（83日間）	郵送による貸出・返却、複写(有料) 電話等による予約・レファレンス 予約本の臨時貸出窓口設置（緊急事態宣言後は中止）	開館時間短縮、対面サービス等の館内利用の制限 資料貸出券の提示または氏名、緊急連絡先等の記入、返却資料の最大7日間利用停止
	東京都立図書館	2/29-5/31（93日間）	事前予約による来館複写サービス・電話等によるレファレンス（緊急事態宣言発出後は休止）、郵送による複写	予約制・当日整理券方式による閲覧・複写サービス、「東京版新型コロナ見守りサービス」
	神奈川県立図書館	3/4-3/31、4/12-6/8（86日間）	電話等によるレファレンス	開館時間短縮、入館人数を制限、一部スペースの利用中止、「県立図書館における新型コロナウイルス感染症拡大予防対策マニュアル」の作成、「神奈川県LINEコロナお知らせシステム」
	大阪府立図書館	3/3-5/15（74日間）	電話等によるレファレンス、複写サービス、障がい者向け資料の郵送貸出、予約資料の着払いによる郵送貸出	席数削減、レファレンスの時間制限、閲覧室等の利用中止、共用機器類の利用時間制限、「大阪コロナ追跡システム」
	兵庫県立図書館	3/4-3/16、3/20-5/31（86日間）	電話等からのレファレンス（5/8から予約資料の着払いによる郵送貸出）	図書等の閲覧・共有端末等の利用・対面によるレファレンスの中止、「連絡票」の提出
	福岡県立図書館	2/28-5/18（81日間）	レファレンスフォーム等でのレファレンス	本の貸出・返却のみのサービスを提供、滞在時間の制限、利用者カードの提示または入館受付票への記入
4月16日「特定警戒都道府県」追加道府県	北海道立図書館	2/29-3/31、4/18-5/25（70日間）	電話等によるレファレンス（再閉館時は複写物郵送も実施）	閲覧室の利用中止、利用者カードの提示もしくは「緊急時連絡先記入用紙」への記入、簡易マスク作成のためのキッチンペーパーと輪ゴムの準備
	茨城県立図書館	4/18-5/6（19日間）	申込フォーム等によるレファレンス	工事のため閉館
	愛知県図書館	3/2-6/1（91日間）	メール等でのレファレンス、郵送複写、郵送貸出（障害者向けサービス）及び視覚障害者資料室（対面朗読サービスは休止）	一部スペース・共用機器類の利用休止、新聞等の一部資料の閲覧中止、窓口でのレファレンスの中止
	岐阜県図書館	4/4-5/19（46日間）	電話等によるレファレンスサービス・障がい者サービス・郵送複写サービス・宅配サービス等	入場者制限、一部スペースの利用中止・共用機器類の一部利用停止、「岐阜県感染警戒QRシステム」
	石川県立図書館	4/11-5/24（44日間）	電話等によるレファレンス等を実施	開館時間短縮、席数削減、レファレンスの時間制限、小学生は保護者同伴の方のみ入館可、一部スペース、共用機器類の利用休止、返却資料の3日間利用停止
	京都府立図書館	3/6-3/23、4/4-5/21（66日間）	電話による返却期限の延長及びレファレンス相談 郵送複写、視覚障害者用の点字図書郵送サービス	開館時間の短縮、レファレンス等の対面サービスの利用休止、閲覧席等の一部スペース、共用機器類の利用休止、図書館カードによる入館の記録又は「連絡票」への記入

ており、神奈川県では県独自の『県立図書館における新型コロナウイルス感染症拡大予防対策マニュアル』の作成・公開している。さらに、「東京版新型コロナ見守りサービス」や「大阪コロナ追跡システム」といった各自治体が持つ接触確認システムの利用や氏名・連絡先等の提供を求める図書館もあった。

こうした利用の制限は、感染者数が減少するにつれ徐々に解除されてきた。例えば、千葉県立図書館は、5月26日から開館を始め、当初は開館時間の短縮（平日9時から17時まで）、対面でのレファレンス・朗読サービス・視聴覚資料の館内利用の中止、席数の削減、人数制限、滞在時間制限（1時間）を実施していた。6月18日には滞在時間を2時間に延長し、7月1日には2時間以内の朗読サービス・視聴覚資料の館内利用を再開している。さらに7月29日からは開館時間の短縮を解除している（平日9時から19時まで）。他にも、8月20日には、県民の方を対象とした集会事業については、参加人数を実施会場の収容定員の半分以下とし、事業ごとに必要な対策を講じた上での実施をアナウンスしたほか、11月からは感染症対策をした上で、児童資料室での子ども向けのおはなし会を再開した。

イベントやおはなし会等の一度停止したサービスを徐々に再開していくなかで、感染者が再び増加し、2度目の緊急事態宣言が発出された。しかし、緊急事態宣言の対象となった都府県立図書館の多くは、全国の図書館と同様に休館措置をとらず、再開していたイベントを中止したり、開館時間短縮等の対応がとられ、臨時休館の措置をとったのは、埼玉県立図書館と東京都立図書館のみだった。埼玉県立図書館では、休館中もwebや電話、FAXによる図書予約と特設窓口での予約済資料の貸出が実施された。また、東京都立図書館は、発出以前の12月28日に閲覧室の利用や閲覧等の来館サービスを休止し、電話・メール等のレファレンスや郵送による複写といった来館を伴わないサービスに切り替え、図書館サービスを継続した。

（3）感染症対策と「知る権利」をめぐる議論

私たちにはコロナ禍以前から「自由な図書館利用」を通して、「知る権利」や学習権が保障されてきた。そのため、図書館利用の自由を制限することは、図書館が保障してきた様々な権利を制限することにつながりかねない。例えば、学校が休校した2020年３月には、子どもに対する利用の自粛や時間制限、子どものみの利用の自粛といった対応をとる図書館があった。そうした対応は、休校により居場所を失った子どもたちが図書館に集まることによって、感染リスクが高まることを避けるものだったと考えられる。しかし、『図書館の自由に関する宣言』では年齢による差別はあってはならないこととされてきた。また、児童サービスは『市民の図書館』から今日に至る図書館づくりを主導する活力となり、近年では夏休み中の学校、家庭以外の子どもの居場所としての図書館機能も注目されてきた。

他にも、来館記録の収集と保管の対応をとる図書館も見られた。これは、2020年５月に作成された日本図書館協会による『図書館における新型コロナウイルス感染拡大予防ガイドライン』でも言及されている。一方で、図書館問題研究会は、来館記録の収集と保管の対応が『図書館の自由に関する宣言』の「図書館は利用者の秘密を守る」に反するとし、ガイドラインの早期撤回または修正及び説明を求めた。それに対しガイドラインを作成した日本図書館協会は、氏名及び緊急連絡先を把握することは、「それぞれの状況をもとに感染症拡大のリスク評価を行い、実施の必要の有無について検討した上で、必要があると判断した際に実施する」ことであり、「すべて実施することを義務づけるものではありません」と回答している。また、日本図書館協会「図書館の自由」委員会（以下、自由委員会）は、地域の実情に応じて仮に来館記録を収集せざるを得ない場合には、各自治体の個人情報保護条例や感染症に関する法律等の法令上の根拠に基づき必要最小限であること、利用者にその収集目的や利用方法を説明することを求めた。

しかし、来館記録の収集と保管の実際を調査した自由委員会によると、来館記録の収集を強制していると思われる自治体は少数ではあるが存在し、法的根拠や利用目的、保有期間の明記がされている自治体が少ないという。また、来館記録の取扱いには自治体ごとに大きな差異が見られたことや図書館ごとに地域の状況を考慮して主体的な判断の下で来館記録が集められているわけではなく、周囲の図書館に追随して来館記録の収集がなされている様子がうかがえたことも指摘している（山口、2020）。

感染症対策による様々な制約・制限のなかでも、特に緊急事態宣言下で見られた休館措置は物理的な強制力を伴う。休館措置に対し、日本図書館協会は、『緊急事態宣言のもとでの図書館の対応について』（2020年4月21日）において、「今般の情勢における最大の配慮事項は人命の尊重であり、それをまずは優先すべきです。その上で、こうした状況のもとでも実行できる方法を探り、図書館の役割を可能な限り果たしていくことが、『（図書館の自由に関する）宣言』の精神に沿うものとなるはずです」と述べている。

人がグローバルに移動する社会の中で、パンデミックは今後も想定される。そうしたなかで人命の尊重を優先した上で図書館が最大限のサービスを実行するためにも、これらの休館措置や年齢による利用制限、来館記録の収集といったコロナ禍での図書館の対応を「図書館の自由に関する宣言」の視点から検証し、その課題を明らかにしていく必要がある。

4　ポスト・コロナ型図書館に向けて

日本図書館協会は『緊急事態宣言のもとでの図書館の対応について』において、「休館=何もしない」ことは許されないとし、コロナ禍を「図書館の機能を十二分に発揮して、その存在意義を高める機会」にすることを求めた。実際に多くの図書館がコロナ禍での試行錯誤を通して、オンラインを活用した非来館・非接触サービスを充実させ、図書館機能が維持されてきた。

現在、コロナ禍のなかで図書館でのオンライン利用に関するニーズが高まったことを契機に、オンライン利用を整備するための制度設計や著作権法の議論が急速に進んでいる。オンライン利用はコロナ以前から、これからの図書館の在り方検討委員会による提言書『これからの図書館像―地域を支える情報拠点―』（2006年）や『2005年の図書館像～地域電子図書館の実現に向けて～』等でその重要性が指摘されてきた。しかし、ICT活用に依然高いハードルがあることや予算上の問題、著作権や公共貸与権等の電子書籍利用整備の課題等により、ほとんどの図書館では整備が進まずにいた（野口、2017）。そうしたなかで、2020年5月政府の知的財産戦略本部は「知的財産推進計画2020」を発表し、文化審議会著作権分科会法制度小委員会は、入手困難資料へのアクセスの容易化、図書館資料の送信サービスの実施について集中的に議論を進め、『図書館関係の権利制限規定の見直し（デジタル・ネットワーク対応）に関する報告書』を作成した。そして、補償金の支払いを前提に一定の図書館等で著作物の一部分のメール送信等を可能とする著作権法一部改正案が、2021年3月5日に閣議決定されるに至っている。

これらの図書館の対応や議論から、図書館は、非接触によるサービス体制を構築し、さらにこれまで進まなかった図書館資料のデジタル化とオンラインの活用を急速に進めていくことで、コロナ禍を乗り切ろうとしているように見える。こうした動きはポスト・コロナ型図書館の一つの方向性だと言える。ただし、オンライン化した情報提供とレファレンスのサービスでは、個別的な学習は保障するものの、住民同士を繋げていくことへは発展しにくい。図書館は本来、「人との出会い、語りあい、交流が行われ、地域文化の創造に参画する」（公立図書館の任務と目標）地域の拠点でもあるはずである。例えば、県立長野図書館には、「共知・共創（共に知り、共に創る）」をコンセプトに掲げた「信州・学び創造ラボ」が開設されている。これは、様々な人々が自律的に多様なコミュニティを形成しながら自由な知的創造を楽しむことができる空間として多くの人びとの議論を経て作られ、開設後も継続的に運営の話し合いを続ける「学びの自治」の空間である（平賀、2020）。また、瀬戸内市民図書館は、「持ち寄り・見つけ・分け合う」をメインコンセプトとし、暮らしや仕事、また夢や未来を考える中で生まれた疑問や課題を「もちより」、その解決方法や展望を「みつけ」、そして、そうした気づきや発見を、図書館につどう市民と「わけあう」ことのできる「広場」づくりが目指されている（瀬戸内市、2019）。さらに、伊万里市民図書館は、市民との協働のプロセスを経て開館し、市民参加型の魅力ある図書館にするために、住民たちによる「図書館フレンズいまり」が運営に対し協力や提言、図書館支援ボランティア活動のコーディネートを行ってきた。

こうした実践を通して図書館は、図書館の市場化という困難な状況のなかでも、資料や情報提供を創造的に発展させ、住民同士を繋ぎ合わせながら住民同士の共同学習をもコーディネートし支える役割を担ってきた。それにより住民自身の手によって地域課題に応対する知が創造・共有され、「教育と文化の発展に寄与」する図書館像が実質化していく。また、そうした図書館づくりのためには、図書館の自由を保障するとともに、住民を図書館利用の主権者として位置づけ、運営への住民参加が不可欠となる。それゆえに、図書館利用を消費活動として扱うような図書館運営の産業化や市場化に繋がる指定管理者制度は図書館に馴染まない。個々人が個別にいることを求めたコロナ禍を経たポスト・コロナ型図書館では、人と資料が出会う資料提供とレファレンスサービスを基盤としながら、人と人とが出会い、知を創造し共有する学習を改めて保障していく必要がある。

引用・参考文献

平賀研也「情報技術を基盤とした「Library 3.0」の実装:「学びの自治」を可能にする「知のコモンズ」へ」（「社会教育」75.8、2020年）28～37ページ

日本ペンクラブ声明「緊急事態だからこそ、自由を」https://japanpen.or.jp/statement0407/（2020年2月28日取得）

日本図書館協会「図書館の自由に関する宣言（1979年改訂）」http://www.jla.or.jp/library/gudeline/tabid/232/Default.aspx（2020年2月28日取得）

日本図書館協会「緊急事態宣言のもとでの図書館の対応について」http://www.jla.or.jp/home/news_list/tabid/83/Default.aspx?itemid=5278（2020年 2 月28日取得）

日本図書館協会『市民の図書館』（日本図書館協会、1976年、東京）

日本図書館協会図書館政策特別委員会「公立図書館の任務と目標」http://www.

jla.or.jp/library/gudeline/tabid/236/Default.aspx（2020年２月28日取得）
野口武悟「公共図書館位おけるデジタルコレクションとデジタルサービスの位置付け」（植村八潮・柳与志夫編『ポストデジタル時代の公共図書館』、勉誠出版、東京）127～144ページ
図書館問題研究会『図書館用語辞典』（角川書店、1982年、東京）
図書館問題研究会常任委員会「CCCの運営する図書館（通称「TSUTAYA　図書館」）に関する問題についての声明」http://tomonken.sakura.ne.jp/tomonken/statement/ccc/（2020年２月28日取得）
saveMLAK、「COVID-19の影響による図書館の動向調査」https://savemlak.jp/wiki/saveMLAK:プレス/20200417、https://savemlak.jp/wiki/saveMLAK:プレス/20201220、https://savemlak.jp/wiki/saveMLAK:プレス/20210111（2020年２月28日取得）
瀬戸内市『としょかん未来プラン―持ち寄り・見つけ・分け合う広場―（新瀬戸内市立図書館整備基本計画）』（2012年）https://lib.city.setouchi.lg.jp/miraiplan.pdf（2020年２月28日取得）
山口真也「報告１　新型コロナウイルス感染症と図書館の対応―「図書館の自由」の観点から―」（第106回全国図書館大会和歌山大会　第７分科会図書館の自由資料）http://www.jla.or.jp/Portals/0/data/iinkai/jiyu/106taikai_covid19.pdf（2020年２月28日取得）

第5章　博物館
―コロナ禍における博物館のあり方―

田開 寛太郎・河村 幸子

1　緊急事態宣言下における博物館の停止と再開

博物館とは、歴史、芸術、民俗、産業、自然科学等をテーマに、美術館、科学館、動物園、水族館、植物園まで含む広範な文化施設のことをいう。博物館の主たる業務は博物館資料の収集・保存、研究、展示であり、それらと並んで教育普及活動が博物館の中心的な業務と認識されはじめ（栗田、2019)、社会教育、学校教育など様々な用途に使われる場所となっている。さらに、観光資源として魅力的な博物館のあり方について議論の深まりと広がりの重要性が高まり（中村・青木、2016)、注目を集める特別展、人気のある常設展などのように多くの来館者をひきつける集客施設であるといえる。ここでは、新型コロナウイルス感染症（以下、新型コロナ）の拡大防止の観点から、様々な影響を受けた全国の博物館の現状と対策を把握する。

はじめに博物館の実態を知るために、インターネットミュージアム、及び日本博物館協会で紹介されている施設を対象に、ホームページから館名のリストを入手し、全1,842館（重複を除く）の臨時休館開始日、再開館日についてインターネットを利用して確認した。情報収集は、施設の公式ホームページ、各自治体から発表されているお知らせやFacebook、Twitter等のソーシャルネットワークサービス（SNS）を閲覧して2020年12月20日から2021年２月１日にかけて実施した。なお、ホームページがなかったり、各館のお知らせが更新されていなかったりして情報が得られなかった施設がある。

2020年２月26日、『社会教育施設において行われるイベント・講座等の開

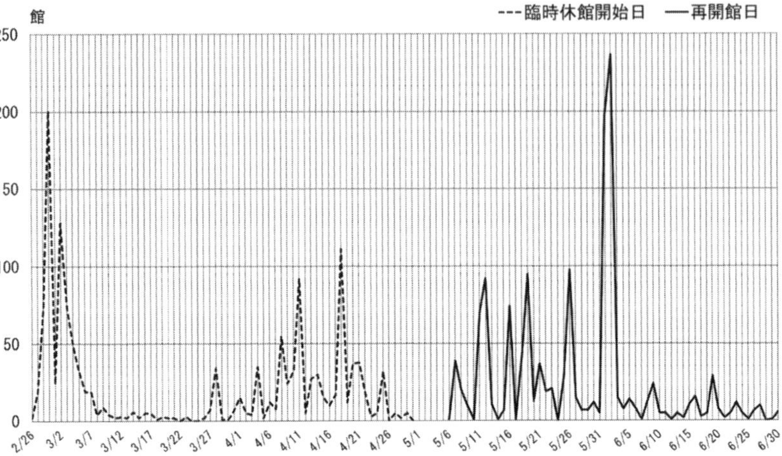

臨時休館開始日（2/26～4/30のn=1402）、再開館日（5/6～6/30のn=1383）

図5-1　博物館の臨時休館開始日と再開館日の時系列変化

催に関する考え方について』（文科省総合教育政策局地域学習推進課）が示され、多くの博物館が直近の企画展やイベントの催行判断に苦慮した。２月27日、安倍首相（当時）の突然の「全国一斉学校臨時休校の要請」を横目に素通りすることもできず、教育委員会の所管にある博物館はもとより、窓がなく換気が難しいこともあって臨時休館を余儀なくされたところもあったと思われる。こうした博物館の多くは臨時休館の期間延長を繰り返し、結果として「当面の間」という先の見えない対応がとられてきた。そして、緊急事態宣言が全国に拡大された４月７日以降には、都道府県から施設の使用停止の協力要請を受けてその数は急激に増加し、ゴールデンウィークが始まる頃にはほぼすべての博物館が休館した。実際には４月８日から５月６日まで臨時休館を予定するものの、その後の緊急事態宣言延長に伴い５月31日まで期間延長するところが多くみられた（**図5-1**）。

そのような厳しく不安な状況が続く中、５月14日に『新型コロナウイルス感染対策ガイドライン』（日本博物館協会）が発表され、博物館の再開に向けて明るい兆しが見えた。５月中旬以降には、緊急事態宣言が解除された地

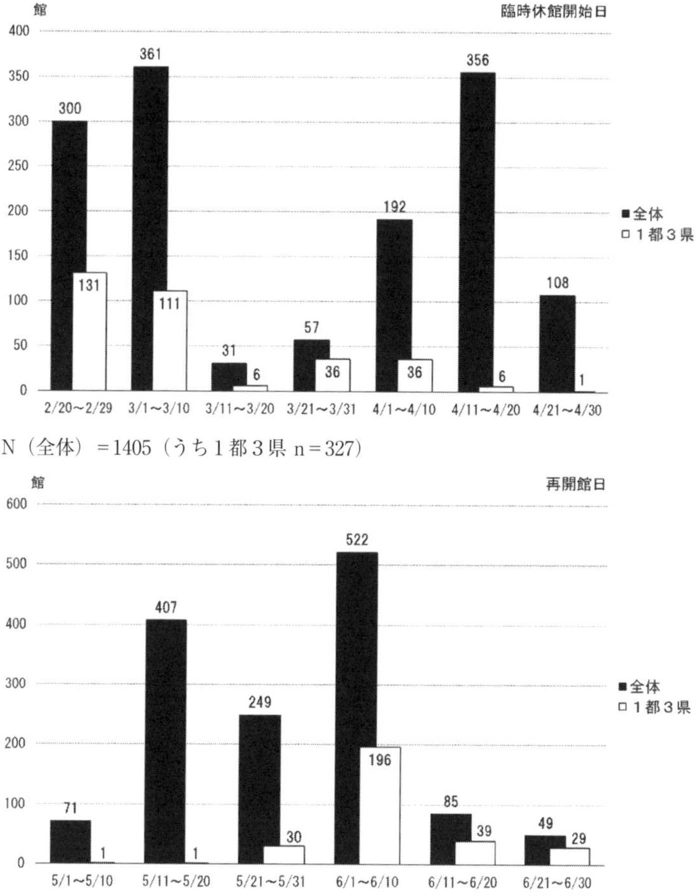

図5-2　博物館の休館開始・再開日

域から施設の再開が認められ、ガイドラインにしたがって開館した博物館も多い。しかし、再開することで人々の移動を促し感染リスクを高めるといった観点から、県内外からの来館自粛を引き続き「お願い」しなくてはならない葛藤の中で、「開館か、休館か」といった博物館の方針や対応が分かれたことも、この時期の特徴であったといえる（**図5-2**）。

6月1日以降には、平常通りとは言えないものの、ほとんどの博物館が段階的に再開されはじめた。9月18日のガイドライン改訂版では、来館者同士の距離の確保について「最低1m（できるだけ2m）を目安に」が「密が発生しない程度の間隔に」へ変わるなど、博物館の運営に幅を持たせることができるようになった（日本博物館協会、2020）。しかし、感染症の影響と警戒は予断を許さないばかりか、いまだに施設内の老朽化や換気が困難なため閉鎖をしているところもある。こうした再開にあたって必要とされる感染症対策を支援するため、文化施設感染症防止対策事業（文化庁）として647施設に約7億5,000万円の補助金が出される一方、依然として支援が行き届いていない博物館が多いことも事実である。

2　コロナ禍における博物館の創意工夫

ここでは、不要不急の外出自粛のために減った学習機会を提供しようと、活路を切り開いた博物館の「創意工夫」を紹介する。

ひとつは、インターネットを利用した展示方法である。林浩二（千葉県立中央博物館）はこうした博物館特有の取組みにいち早く注目し、「自宅でも博物館・美術館を楽しむ」ことを訴えるためのSNSでの情報発信の全国的動向を調査した。日本動物園水族館教育研究会（2021年2月、オンライン開催）における林の研究報告によると、2020年2月下旬に「小規模ミュージアムネットワーク」による「#エア博物館」の付いたつぶやき（Twitterのツイート）が始まり、このようなハッシュタグは自由に発展・発散していったという。3月上旬には「#休園中の動物園水族館」がみられるようになり、普段見られない動物たちの様子が数十秒の短い動画で紹介され、自粛期間中の疲れを癒してくれたことがわかる。そして、2020年2月27日から4月11日までには、Togetter（Twitterのまとめサイト）に「#エア科学館　#エア博物館　#エア美術館　#おうち時間で学ぼう　#おうちミュージアム　#休園中の動物園水族館」等の付いた約6,400件ものツイートが記録され、SNSでの拡散スピードと勢いのある盛り上がりをみることができる。

具体的な例をみてみると、「エア博物館」は自宅からでも博物館や美術館に行ったような気分を味わえるとSNSを介して話題になった。この情報発信で注目すべきことは、最初に呼び掛けたのは博物館の公式の企画・立案ではなく、市民の個人アカウントによるものであった。博物館での展示が行われない非常時において、専門家と市民との相互の情報発信・共有や、展示の追体験がある程度可能なことが示された点で、これまでにないオンライン上での専門家と市民との新しい共同事例とみることができる（室井・奥本、2020)。ほかにも、北海道博物館が呼びかけた「おうちミュージアム」では全国約220館が参加し、子どもたちが楽しく学べるアイデアを発信している。感染症予防のために家庭で過ごす時間が増えて、子どもも大人もストレスが増す中で、長期休校・休園中の子どもたちへの支援の一環として、全国の博物館が手を組んで特色あるオンラインコンテンツをつないだことは目を引くものとなった。

次に、学芸員によるオンライン・ガイドツアーである。観光施設と社会教育施設の両方の性格が付与される博物館では、顧客満足度を高める解説的サービスの充実だけでなく、「なぜ収集したのか、なぜ借用して展示したのか、その面白さ、すごさ、見どころ、意義などを多様な利用者に応じて多面的に提示するといった資料の教育的価値を高める工夫」（栗田、2019）が必要となる。これまで博物館や美術館では、「見せる」「理解させる」といった一方的な知識や情報の押し付けを長らく行ってきた中で、教育的な方向性として来館者の直接的な参加や体験を重視する「ハンズ・オン」展示が見られるようになった（鈴木、2019)。現在、従来型の博物館展示に多く見られるようなハンズ・オンの行きつく先に「心を動かす（マインズ・オン）ような効果的な学習機会」（ティム・コールトン、2000）の創出が、急速に進んだデジタル化における博物館の「創意工夫」としてひとつの方向性がみえたといえる。

インターネットを利用して展示解説をする際は、デジタル機器保有状況や通信量などに配慮が必要で誰もが自由に参加できないといった課題があるものの、新しい博物館の未来への一歩を踏み出すことができる。中国ではコロナ期間中に博物館のオンラインサービスが流行し、約30館の博物館が行ったライブ配信はすさまじい再生回数を上げた（劉、2020）。日本では「飛騨みやがわ考古民俗館」（岐阜県飛騨市）が企画した無料のオンライン・ガイドツアーに、年間入館者数の約３分の２に相当する約200人が参加した。こうした先進的な取組みに呼応して、「八尾市立しおんじやま古墳学習館」（大阪府八尾市）では数多くのオンライン事業が企画された。施設までのアクセスが悪かったりスタッフが少なかったりと、これまで全国の多くの博物館は様々な問題を抱え、そのような中で地域を飛び越え博物館資料の価値をより多くの人に届けられたことは画期的であったといえる。

3　コロナ時代のこれからの博物館のあり方

ここでは、多様なニーズに応える博物館の現状と課題を通して３つの視点から、「誰のための」、そして「何を目的にした」博物館であるのかと社会の中で博物館が果たす役割と、コロナ時代の博物館とはいかなるものかについて考えたい。

（1）観光資源としての博物館

博物館は重要な観光資源であり、家族や友人などと自由な時間を楽しく過ごす余暇活動を深める場所である。現在、博物館の利用目的に資料や作品の観察・鑑賞（見る）と楽しむ（遊ぶ）ことへの期待が高まり、博物館が市民の生活にかかわるものとして積極的に利用されている（駒見、2008）。2020年５月に施行した「文化観光拠点施設を中核とした地域における文化観光の推進に関する法律」に基づき、拠点整備登録した25か所の文化観光拠点施設（2020年11月現在）に該当する博物館は、インバウンド対策、交通アクセスの向上やWi-Fi・キャッシュレス決済の整備を行うなどの機能強化を目指している。コロナ禍で観光産業が深刻な影響を受けるなか当初計画の具体的な変化が見られ、博物館の魅力をよりリアルに楽しく体感できるAR・VRの公開や資料のデジタルアーカイブ化など、ニューノーマルにも対応できるデジタルミュージアムに力がそそがれる。こうした施策の中で､博物館の「展示」「教育普及」機能が観光対象として磨き上げられることで、「研究」「収集・保存」機能の充実への期待が高まっていくと思われる。

しかし、観光資源としての期待がなされる一方、「文化財で稼ぐ」ことによって「保存よりも稼ぐための活用が重視される」ことへの懸念も高まっている（岩城・高木、2020)。また、集客力のある地域に限定して国が支援するような「文化・観光振興」が憲法・教育基本法・社会教育法・博物館法の理念に果たして沿っているのかが鋭く問われている（長澤、2020)。実際のところ2020年４月７日、「文化観光推進法の付帯決議」(参議院文教科学委員会）がなされ、本施策を通して国全体の博物館を広く下支えする財政的支援にも努め、文化芸術の保存、継承や発信、社会教育といった博物館の基本的機能の維持向上を図ることが求められている。重要なことは、コロナ禍の中で博物館と文化財の現状認識を共有し、観光は地域に利益をもたらすのかといった「サスティナブルツーリズム（持続可能な観光)」を問題提起して、観光・経済振興によらない博物館の運営・維持管理の打開策を検討することも大切であると考える。

（2）教育施設としての博物館に対する無料原則の位置づけ

日本の公立博物館は多様な利用者を対象にした公共性の高い場所であることを認識し、広い意味での教育機関として入館料は「無料」とすべきである。学校との連携により学校教育を補完することや、博物館の講演会や講座、自主研究グループやボランティア活動、市民のキャリア支援、コミュニケーションの促進や癒しの場という地域の日常空間として活用することで博物館の利用価値の幅が広がり、教育的な配慮により、観光客にとっても無料にすれば、その土地の歴史や文化の理解を促すこともできる（金山、2018)。

しかし、1951年に制定された博物館法上は「原則無料」(第23条)という規定があるものの、日本の公立博物館の多くは有料である。公教育の観点から、税金で運営している文化芸術・教育施設で保管している「もの」を鑑賞するために入館料を払う必要はないといった積極的な論理は成り立つ。一方で、博物館資料には商品価値があり、維持管理のために「やむを得ない事情」の「必要な対価」として入館料を取ることは妥当であるという考えは認められよう。現実的にはコロナ禍のもとで、入場者数の制限や感染症対策による人件費の増加のため、入館料の値上げが実施されている博物館がある。東京国立博物館では、日時指定制で入場者数に上限を設けて当初見込みより入場者数が減ることが想定され、その必要経費を補てんするため特別展覧会の料金を値上げし過去最高となっている。

こうした観点の間で博物館の入館料のあり方に折り合いをつけるには、いまよりももっと博物館の理解が必要になると思われる。全国的に厳しい地方財政事情から行政のスリム化が推進されている中、教育や福祉分野の縮減に反対する意見がある一方で、何千万円の指定管理料を支出する公立博物館の経費削減を求める声も聞こえてくる。しかし、同じ教育施設であっても運営のあり方については様々な意見が分かれるところであるが、博物館には人件費や光熱水費など経常的に支出しなければならない経費がある。それ以上に文化財保存には修繕に高額な費用がかかるだけでなく修復技術の継承も必要となる。そのため、博物館の維持管理を住民自らが判断していく仕組みを行政や博物館職員とともに考え、建設的な提案や参画を行うことも視野に入れて、博物館の運営に多様なあり方を理解し認め合うことが望まれる。

(3) 博物館に「行く」ということ

博物館における学びの特徴は、人びとが来館する(行く)ことによってはじめて成立する。人々を博物館に呼び込むことができなければ、どんなに貴重な文化財を陳列し、有意義な学びを創り出したとしても、そこに教育的価値は一切生まれない。反対に、博物館は、私たち一人ひとりが自由に移動し楽しむことのできる場でなくてはならない。

博物館における教育について国際的な理解として知られるのは、国際連合教育科学文化機関（ユネスコ）によるものである。2015年のユネスコ『ミュージアムとコレクションの保存活用、その多様性と社会における役割に関する勧告』では、「教育」が独立した条項として規定され、博物館における教育的役割が明示されたことの意味は大きい。また、「恵まれない立場のグループを含め、すべてに開かれた、あらゆる人々の身体的・文化的アクセスを保証する場」（国際博物館会議（ICOM）日本委員会日本語訳）であり、博物館がソーシャル・インクルージョン（社会的包摂）を実現するための重要な公共空間であることが再確認されている。

しかし、こうした国際的動向に対応した施策の展開を必要とする中で、博物館への入場制限がとられている状況をどのように理解したらよいだろうか。コロナ禍の状況にあって不安やストレスを感じる中で、「入館時の連絡先聴取」を必須としたり、入場を「同一都道府県内・市町村内在住者限定」としたり、「高齢者・基礎疾患者で感染リスクを心配する方」の入場を制限する館もみられ（橋本、2021）、本来どのような立場であっても利用できる施設の根幹が揺らぐ事態となっている。一方で博物館の再開をめぐっては、来館者を県の内外で線引きしなければならない苦しい行為に悩まされた、といった現場の声に耳を傾けなくてはならない。コロナ時代の社会教育施設において、「いつでもだれでも」入館できることの理念を実現するには大きな壁が立ちはだかっているといえる。

こうした今日的状況の中で、博物館は人びととの物理的な距離を縮めるだけでなく、人びとにとって身近な存在になることが求められていると考える。未曾有の課題に立ち向かう博物館は、安心・安全をアピールし来館を促すだけではなく、インターネットを活用して資料そのものの価値を積極的に発信することもできる。一方、新たな文化創造や社会変革を進めるうえで大切なことは、開館していても来館できない、あらゆる状況におかれた人々への配慮も必要である。そのような中で博物館は対人距離の確保、施設の消毒や換気を実施するなど、単なる公衆衛生面上の行政的課題の解決に終始しない。これまで以上に、来館者一人ひとりが、博物館でどのように過ごし、展示物と向き合うことができるのかを考えなくてはならないといえる。コロナ禍のもと、どのような市民参画の「しかけ」を作ることができるか、博物館職員の力が試されている。

4　なぜ私たちは博物館を必要とするのか

新型コロナが拡大する中で実施された大学入学共通テストの国語では、妖怪に対する認識の変容を歴史的にたどり、博物学的な思考の対象となっていく妖怪娯楽のストーリーが語られた。博物館設立の起源とする博物学の見方において近代の妖怪は、想像上の存在から合理的思考によって否定し去ってしまい、人間の目の前にあらわれる「もの」としてエンターテインメントの一部となっていった（香川、2005）。博物学や本草学に見られる自然や社会に対する考え方の変化は「もの」に対する認識の大転換をもたらし、展示空間は人々の余暇の過ごし方とも密接にかかわりながら、徐々に現在の博物館へと進展していったと考えられる。共通テストは奇しくもコロナ禍といった人類の危機的状況の中で、人間の心の不安や恐怖と向き合うための「知」のあり方を示してくれたのかもしれない。

かつて疫病をおさめるといわれた妖怪「アマビエ」がこの世に姿を現し、歴史的なパンデミックの中で日本のあちこちに再び出没し大流行している。しかし、本当にその様な妖怪がいるかいないかは重要ではないし、アマビエがコロナをおさめてくれることもなさそうだ。それでも人間を楽しませてくれる妖怪は、日常の中で様々な限界を感じつつ生活をしている人間に現実世界を忘れさせるといった役割を果たしている。私たちには想像力があり、「創造力」が備わっていて、それは余裕があり、生活に潤いがなくてはならない。近代的な「知」のあり方と展示空間における娯楽的側面のなかで博物館が確立されていく過程において、いま一度コロナ禍における博物館の存在意義を考え、博物館の原点とは何かをこれからも模索し続けていきたい。

引用・参考文献

岩城卓二・高木博志編著『博物館と文化財の危機』（人文書院、2020年）194ページ
インターネットミュージアム「特集　新型コロナウイルスの影響で休館中のミュージアム」https://www.museum.or.jp/special/korona（2020年12月20日アクセス）
香川雅信『江戸の妖怪革命』（河出書房新社、2005年）328ページ
金山喜昭「公立博物館の入館料は無料か有料か：博物館のあるべき姿を問い直す」（『法政大学資格過程年報』、７巻、2018年）23～32ページ
栗田秀法「博物館教育論」（栗田秀法編著『現代博物館学入門』ミネルヴァ書房、2019年）177～211ページ
国際博物館会議（ICOM）日本委員会「ミュージアムとコレクションの保存活用、その多様性と社会における役割に関する勧告」https://www.j-muse.or.jp/02program/pdf/UNESCO_RECOMMENDATION_JPN.pdf（2021年２月27日アクセス）
駒見和夫『だれもが学べる博物館へ:公教育の博物館学』（学文社、2008年）168ページ
参議院文教科学委員会「文化観光拠点施設を中核とした地域における文化観光の推進に関する法律案に対する附帯決議」https://www.sangiin.go.jp/japanese/gianjoho/ketsugi/current/f068_040701.pdf（2020年10月27日アクセス）
鈴木章生「ハンズオン」（栗田秀法編著『現代博物館学入門』ミネルヴァ書房、2019年）212ページ
ティム・コールトン『ハンズ・オンとこれからの博物館：インタラクティブ系博物館・科学館に学ぶ理念と経営』（染川香澄ほか訳、東海大学出版会、2000年）256ページ
Togetter「自宅でも博物館・美術館を楽しむ（新型コロナウイルス感染症流行に伴う休館・休園対応）」https://togetter.com/li/1474956（2021年２月２日アクセス）
中村浩・青木豊編著『観光資源としての博物館』（芙蓉書房、2016年）310ページ
長澤成次「『文化観光拠点施設を中核とした地域における文化観光の推進に関する法律案』の問題点」（『月刊社会教育』、旬報社、768、2020年５月号）62～65ページ
日本博物館協会「博物館における新型コロナウイルス感染拡大予防ガイドライン」https://www.j-muse.or.jp/02program/projects.php?cat=13（2021年２月28日アクセス）

日本博物館協会「博物館における新型コロナウイルス感染拡大予防ガイドラインの改定にあたって」（博物館研究、55（11）、2020年）76ページ
橋本佳延「新型コロナウイルス感染症拡大による兵庫県下の博物館の臨時休館および再開館後の対策」（人と自然、31、2021年）99～115ページ
文化庁「文化施設の感染症防止対策事業　博物館採択一覧」https://www.bunka.go.jp/shinsei_boshu/kobo/pdf/92355801_04.pdf（2021年２月27日アクセス）
文化庁「文化観光推進法に基づき認定した拠点計画及び地域計画」https://www.bunka.go.jp/seisaku/bunka_gyosei/bunkakanko/92441401.html（2021年２月27日アクセス）
室井宏仁・奥本素子「COVID-19　感染拡大下における博物館施設のオンライン発信の傾向と分析」（科学技術コミュニケーション、28、2020年）１～10ページ
文部科学省総合教育政策局地域学習推進課「社会教育施設において行われるイベント・講座等の開催に関する考え方について（令和２年２月26日時点）」https://www.mext.go.jp/content/202002228-mxt_kouhou01-000004520_2.pdf（2021年２月28日アクセス）
劉陽「新型コロナウイルスパンデミック下での中国博物館界の対応と今後の課題について」（博物館研究、55（11）、2020年）32～35ページ

第6章　動物園・水族館
―新型コロナによって見直される役割―

田開 寛太郎・河村 幸子・小山 こまち

1　「生きもの」を扱う動物園・水族館

博物館における動物園・水族館の大きな特徴は、「生きた」展示物を扱っているということであろう。その点では、動物の餌代、職員や飼育員の人件費など展示物のいのちを維持するための費用が桁違いに大きい。そのため、新型コロナウイルス（以下、新型コロナ）の感染拡大を受けて休園・休館あるいは人数制限の対策を取ることは、人びとが動物園・水族館に「行く」ことや「ふれあう」ことができない以上に、動物たちの生き死にかかわる重大な問題となる。

コロナ禍で人びとが来園・来館できないという状況がつくり出され、動物園・水族館の観光機能が停止して収益が大幅に悪化することも容易に想像できる。反対に、「学び」をとめない創意工夫のなかで動物園・水族館の公共的役割への期待がますます高まり、そのひとつである「教育普及」機能を後押しする可能性もある。新型コロナとの共存が求められるウィズ・コロナにおいて、感染防止策を実施しながら運営・維持管理をしていくために、動物園・水族館は新たな局面を迎えているといえる。

ここでは、新型コロナの感染収束の見通しが立たないために、従来通りの集客が見込めずに施設を維持管理することが厳しい状態にある中で、感染防止策を実施しながら運営を続けていくために見直される動物園・水族館の役割やこれからのあり方を考えてみたい。

2　動物園・水族館の新型コロナ対策ガイドライン

日本国内の動物園・水族館は2020年２月から基本的な活動の制約や運営に支障をきたすなど大きな影響を受け始め、緊急事態宣言が全国に拡大された４月16日以降には、日本動物園水族館協会（以下、日動水）に所属するすべての施設が一時的に休園・休館した。日動水は、５月６日に『動物園・水族館における新型コロナウイルス感染対策ガイドライン』(以下、ガイドライン）第１版を発表して以降、７月13日に改訂２版、10月29日に改訂３版と順次内容を更新している。ガイドラインは、未知の感染症から来園者・職員・動物を守り、施設の再開を継続するための参考として作成されたものである。実際には、６月５日時点で日動水加盟の動物園91園中79園（86.8％)、水族館52館中43館（82.7％）が再開していることがわかっている（日動水、2020)。

ガイドラインの改訂ごとの内容の変化と特徴を、「職員」「来園者」「飼育動物」の３つに分けて評価することができる（**表6-1**)。

まず、「職員」について、改訂２版で追加された項目にはミーティングや会議のあり方（短縮化やリモート化)、仕事中の過ごし方（職員の勤務時間をずらす）などの「職員の密状態の緩和措置」がみられる。また改訂３版では、「勤務時間や休憩時間の調整や休憩スペースなどの換気対策、そしてユニフォームの消毒など」と具体的な内容へと変化している。５月や７月時点では閉鎖中の動物園・水族館や再開したばかりの施設が多いため、講じるべき具体的な対策や考え方は必要最低限のものにとどまっている。新型コロナに関する新たな知見や情報の蓄積とともに、10月時点ではほぼすべての動物園・水族館が運営を本格化したことから、感染予防効果を高めるための推奨事項が徹底されている。こうした職員の高い意識と動物の飼育管理にかかわる者としての「使命感」に裏づけられたガイドラインの発展は、動物園・水族館特有のものとして注目に値する。

次に、「来園者」について、改訂３版では咳や発熱があるなどの有症状者に対して入場「自粛の呼びかけ」から「断る」へと強化されたこと、来園者による自発的な社会的距離の維持だけでなく、施設側が社会的距離を保つための措置を講じることが追加されたこと、入場者数の制限の検討が追加されたことが特徴的である。Go Toトラベル事業で人の流れが活発化しはじめた８月の感染拡大を受けて、感染対策の強化と集客施設としてのリスク評価の必要性が高まった。事前予約制の導入や接触確認アプリCOCOAや各地域の通知サービスが推奨されたことで、職員及び来園者の感染発覚時に早急な対応が求められた。また、動物園・水族館でのイベントやスクールなどの教育活動は、適切な感染防止策（密閉施設の換気など環境対策を含む）を講じながら、国の事務連絡や都道府県の定める指針に従って実施することができるようになった。

最後に、「飼育動物」について、来園者と展示動物とのソーシャル・ディスタンスをとることや遮蔽物を利用した展示の工夫、ふれあう活動の見合わせ、長靴の獣舎毎の履き替え、獣医療などにも手袋等の装着や「一作業一手洗い」などと、人から動物への感染防止策が重要になっている。これまでもウイルスと感染症について敏感な動物園・水族館は、『動物園・水族館の感染症ハンドブック』（日動水、2013年）、『動物展示における人と動物の共通感染症対策ガイドライン2003』（厚生労働省、2003年）や『ふれあい動物施設等における衛生管理に関するガイドライン』（厚生労働省、2013年改訂）、『鳥インフルエンザ対応マニュアル』（日動水、2017年）等を活用してきた。動物園・水族館では、あらゆる感染症に対応するため、常に飼育動物や来園者、職員に対する感染症対策を長く行ってきているため、新型コロナ対策もいち早く対応をとることができたことも大きな特徴である。

あらためて社会教育施設としての日本の動物園・水族館における「学び」の大きな特徴は、動物たちとの「ふれあう活動」であろう。人と動物の共通感染症に関する知見やその対応は重大であり、感染症ハンドブックや対応マニュアルの存在は、コロナ禍で動物園・水族館の「学び」をとめないための体制整備に大きく貢献したといえる。感染症ハンドブックはこれまで鳥イン

表 6-1　動物園・水族館の新型コロナウイルス感染症対策ガイドラインの改訂と主な変更点
（太字は前回との変更点）

項目＼発信日		2020年5月6日	7月13日	10月29日
基本		参考 各施設に応じて具体策を	参考 各施設に応じて具体策を	参考 各施設に応じて具体策を
全体として		協会からの発信	**安全対策委員会から発信**	安全対策委員会から発信
ウイルスの特徴		高齢者、基礎疾患患者重症、国内死亡率3.6％等	**病原性 MARS や SARS よりも低い**	病原性 MARS や SARS よりも低い
動物からヒトへの感染		飼育動物からのヒトの感染はない	飼育動物からのヒトの感染はない	飼育動物からのヒトの感染はない
ヒトから動物への感染		類人猿は伝播の危険性 ブロンクス動物園のマレートラ感染動物園勤務者との曝露	**オランダでミンクから農場従業委員への感染** **ミンクへの感染原因は不明**	オランダでミンクから農場従業委員への感染 ミンクへの感染原因は不明 ブロンクス動物園のマレートラ感染動物園勤務者との曝露
対策	職員が行う対策	職員に対する対策 体調の管理 通常時からのマスクや手袋の着用 動物舎出入口での長靴等の消毒	職員に対する対策 体調の管理 通常時からのマスクや手袋の着用 **ミーティングや会議の短縮化、リモート化** **職員勤務時間をずらす**	通常時からのマスクや手袋の着用 **手洗いや消毒の励行** **毎朝の体温測定**体調管理 **ユニホームや衣類のこまめの洗濯** ミーティングや会議の短縮化、リモート化 **身体的距離を確保、アクリル板で飛沫感染対策** 職員勤務時間をずらす **休憩スペースの換気** **共有物品の消毒** **入退出時の手洗い消毒**
対策		咳や熱のある人には入場しないように呼びかける 渡航歴や濃厚接触者は高リスク マスク着用のお願い	咳や熱（**37.0℃以上**）のある方には入園お断り マスク着用のお願い	**有症状者の入園を断る** **大声を控える旨の掲示・周知列を作る場合は身体的距離を確保** **入園時の手指消毒必須** マスク着用のお願い

対策	来園者に対する対策	ソーシャルディスタンス（１ｍ～２ｍ） 可能であれば以下も推奨 入園時に手指消毒 踏込消毒マット（弱性石鹸、消石灰等）	ソーシャルディスタンス（１ｍ～２ｍ） 可能であれば以下も推奨 手指消毒 踏込消毒マット（**弱性石鹸**、消石灰等） **入場者数制限検討** **ポスターで手洗い啓発** **ハンズオンは展示しない** **止むを得ない場合は職員が消毒徹底検討**	ソーシャルディスタンス（１ｍ～２ｍ） 可能であれば以下も推奨 **入園時の検温、事前予約** **連絡先把握、接触確認アプリや各地域の通知サービス** トイレや手洗い場へのポスター掲示 ハンズオンは展示しない **飲食用感染防止対策以外の飲食制限検討** **電子マネーやコイントレーで接触機会減** **イベントなど国や県のガイドラインに準拠**
	施設の環境対策	密閉施設の換気 換気回数は、30分に１回以上数分程度 高頻度接触部位の消毒薬による消拭（ドアノブ・手すり・エレベーターボタンなど）	密閉施設の換気 換気回数は、30分に１回以上数分程度 高頻度接触部位の消毒薬による消拭（ドアノブ・手すり・エレベーターボタンなど）	密閉施設の換気 換気回数は、30分に１回以上数分程度 高頻度接触部位の消毒薬による消拭（ドアノブ・手すり・エレベーターボタンなど）
	飼育動物に対する対策	来園者と展示動物もソーシャルディスタンスをとる 獣舎ごとに長靴を履き替える	**獣医療やトレーニング時も手袋または手指消毒** **来園者と展示動物もソーシャルディスタンス（２ｍ程度）をとる。または遮蔽物利用** **ふれあう活動は見合わせる。実施する場合は参加者のマスク手指の消毒** **飼育作業時もマスク着用** **獣舎毎に長靴の履き替え** **「一作業一手洗い」石鹸使用獣舎の換気**	獣医療やトレーニング時も手袋または手指消毒 来園者と展示動物もソーシャルディスタンス（**社会的距離**）をとる。または遮蔽物利用 ふれあう活動は見合わせる。 実施する場合は参加者のマスク手指の消毒 飼育作業時もマスク着用 獣舎毎に長靴の履き替え 「一作業一手洗い」石鹸使用獣舎の換気
	その他の対策	園内出入り業者の消毒や制限 害獣、ノラ猫侵入対策強化 密集・密接空間をなくす	園内出入り業者の消毒や制限 害獣、ノラ猫侵入対策強化 密集・密接空間をなくす	園内出入り業者の消毒や制限 害獣、ノラ猫侵入対策強化 密集・密接空間をなくす **ごみとり扱いもマスク・手袋着用** **ごみの密閉** **トイレでのジェットタオル禁止**

フルエンザなど約20種以上の「人と動物の共通感染症」への対策を詳細に検討しており、その内容には今回の新型コロナ感染症のような飛沫感染への対策も複数存在し、ガイドラインとの共通部分も多くみられた。特に、動物園・水族館はこれまで感染症ハンドブック等を通して職員への教育が行き届いており、ほかの社会教育施設と比べてスムーズに対応できたことは重要な点である。

3　新型コロナ感染拡大のもとでの水族館の対応

水族館のウェブサイトの調査を行った結果（調査対象期間は国内で初めて休館水族館が確認された２月19日から夏休み終了後の９月５日まで）、感染症拡大予防のために臨時休館を実施した水族館の数は、日動水加盟水族館52館のうち52館（100.0％）、非加盟水族館が47館（97.9％）であり、ほとんどすべての水族館が新型コロナ感染症を理由とした休館を実施した（**図6-1**）。

休館の開始時期には２つの山（ピーク）があった。１回目は２月25日から３月13日までの間である。この間に、休館率は、加盟水族館が1.9％から48.0％に、非加盟水族館は０％から22.9％へと増加していた。これは、２月26日に、安倍前首相からのイベント自粛要請や、荻生田文科大臣からの博物館・美術館に対する任意の休館要請を受けて休館を開始したためだと考えられる。２回目は、４月６日から４月30日までの間である。この間に、休館率は、加盟水族館は53.8％から100.0％に、非加盟水族館は31.3％から97.9％へと増加していた。これは、４月７日に安倍前首相が７都府県に緊急事態宣言を発令し、全国規模へ拡大していった時期と重なる。

また、この山については、国の政策動向が反映されていると推定できた。特定警戒都道府県と非特定警戒都道府県ごとに集計した結果、指定された地域を中心に、最初の山にあたる早い段階から休館の措置がとられている傾向がみられた。その傾向は特に、加盟水族館の方が大きいことも明らかになった。

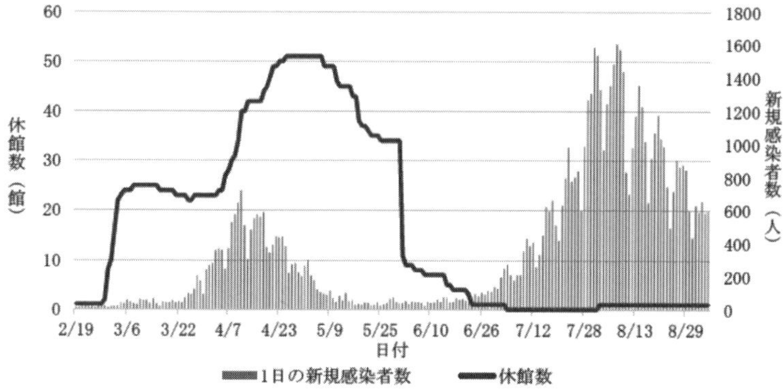

（各水族館のHPで調査した休館日、厚生労働省のコロナ感染者のデータ〈httlps;//www.mhlw.go.jp/stf/covit-19/kokunainohassei.joukyou.html〉を基に、小山作成2021.01.22）

図6-1　感染拡大のもとでの水族館（日動水加盟）の対応

その後、緊急事態宣言が段階的に解除された時期から、加盟・非加盟ともに休館数は減少傾向となっていた。加盟水族館の休館数は、７月４日でゼロになったが、その後沖縄での感染拡大などの影響を受けて、沖縄の美ら海水族館が８月２日から再休館していた。非加盟水族館の休館数は、夏以降もゼロにはならず、１館が休館を続けていた。この水族館は、道の駅に併設する水族館であり、道の駅自体が夏以降も営業を休止していたため、その影響を受けたものと考えられる。非加盟の水族館の中には、新型コロナ感染症の感染拡大によって閉館したとみられる水族館が１館みられた。

最後に、国内の水族館は、約４か月間の休館期間中、「水族館に足を運んできた来館者に対して、飼育動物の直接観察や展示設備の活用、現地体験型プログラムによって学ぶ」という従来の教育活動を提供できないという状況に陥った。運営再開後も、「新しい生活様式」への移行が求められ、目に見えない新型コロナへの対策を講じつつ運営を行わなくてはならなっている。

4　ポスト・コロナへ向かう動物園・水族館の行方

「どなたもどうかお入りください。ただし、今だけは次の方たちはご遠慮ください。『体の具合が悪い方、37.5℃以上の熱がある方、せき、のどの痛みなどの症状がある方』。当園は注文の多い動物園ですから、どうかそこはご承知ください。」

長野県飯田市にある市立動物園では、宮沢賢治の代表作『注文の多い料理店』になぞらえて、職員に代わって怪しげな猫（案内板）が私たちに「お願い」して魅力的な動物たちとの出会いへと導いてくれる。しかし本来であれば、「ただし」と条件を付けずにいざなうところを、コロナ禍では人も動物もお互いさまで遠慮しなくてはならないのだろう。

ポスト・コロナへ向かう動物園・水族館の行方は、動物たちとの距離感への理解や認識がこれまで以上に必要になってくるといえるかもしれない。動物園・水族館は新型コロナが人と動物の両方に感染する人獣共通感染症であることから、動物の命と来園者の命を守ることの両方に力を入れるという博物館や美術館とは異なる対策や考え方が求められているといえる。

動物園・水族館の役割は時代によって変わっていく。いま、動物福祉や動物園・水族館教育を見直すことで前進しつつ、飼育環境や展示の仕方、解説の仕方だけでなく、施設や園館内の組織づくりまで、考えることもできはしないだろうか。動物園・水族館、行政、研究者、そして、何よりも地球市民である私たち一人ひとりが、動物と人との「共生」について考える時が来ている。人間中心ではなく、動物の尊厳を守り、同じ地球上に生きるものとして、人間、動物、地域といった区別や範疇を超えて「わたしたち」の動物園・水族館をつくりたい。

引用・参考文献

厚生労働省「動物展示施設における人と動物の共通感染症対策ガイドライン2003」https://www.mhlw.go.jp/file/06-Seisakujouhou-10900000-Kenkoukyoku/0000155021.pdf（2021年２月28日アクセス）
厚生労働省「ふれあい動物施設等における衛生管理に関するガイドライン」（「動物展示施設における人と動物の共通感染症対策ガイドライン」2003年改定）https://www.mhlw.go.jp/file/06-Seisakujouhou-10900000-Kenkoukyoku/0000155022.pdf（2021年２月28日アクセス）
小山こまち「日本の水族館における新型コロナウイルス感染症（COVID-19）対応と水族館教育の課題」（東京農工大学農学府修士論文、2020年度）
日本動物園水族館協会「動物園・水族館の感染症ハンドブック」https://www.jaza.jp/assets/document/about-jaza/document/kansen_ph25_03.pdf（2021年２月28日アクセス）
日本動物園水族館協会「鳥インフルエンザ対応マニュアル」 https://www.jaza.jp/assets/document/about-jaza/document/2017bird_manual.pdf（2021年２月28日アクセス）
日本動物園水族館協会「COVID-19関連　施設の開園・開館状況等　一覧表（動物園/水族館）」https://www.jaza.jp/storage/jaza-news/WLCYMoKxxh1s6EOHQWdXUCZkMbYxt5XifSZpyfeN.pdf（2021年２月28日アクセス）

第７章　屋外教育施設・自然学校
―環境教育における自然体験活動への影響―

稲木 瑞来・加藤 超大・秦　範子・増田 直広

1　教育行政の対応と子どもたちの屋外活動への影響

2020年２月27日首相による全国一斉休校要請を受けて、文部科学省（以下、文科省）は『新型コロナウイルス感染症対策のための小学校、中学校、高等学校及び特別支援学校等における一斉臨時休業について（通知)』（文部科学事務次官、2020年２月28日）を教育機関等に通知した。これにより３月２日から一部の地域や学校を除き、全国の学校が一斉に臨時休業に入った。しかし、この通知には、「人の集まる場所等への外出を避け、基本的に自宅で過ごすよう指導すること」が明記され、また『各種文化イベントの開催に関する考え方について（令和２年２月26日時点)』（文化庁政策課長）及び『社会教育施設において行われるイベント・講座等の開催に関する考え方について（令和２年２月26日時点)』（文科省総合教育政策局地域学習推進課）によってイベント・講座等が「中止、延期又は規模縮小等の対応」を求められることで、屋外での事業・イベント等が中止されていることも憂慮された。その後、『新型コロナウイルス感染症対策のための小学校、中学校、高等学校及び特別支援学校等における一斉臨時休業中の児童生徒の外出について（３月４日時点)』（文科省初等中等教育局健康教育・食育課等）では臨時休業中の児童生徒の外出についての留意事項として「規模の大小に関わらず、風通しの悪い空間で人と人が至近距離で会話する場所やイベントにできるだけ行かないこと」が書き加えられた。

ところが、『新型コロナウイルス感染症対策のための小学校、中学校、高等学校及び特別支援学校等における一斉臨時休業に関するQ&Aの送付について（３月９日時点）』（文科省初等中等教育局健康教育・食育課等）では、臨時休業中の児童生徒の外出に関して「児童生徒の健康維持のために屋外で適度な運動をしたり散歩をしたりすること等について妨げるものではなく、感染リスクを極力減らしながら適切な行動をとっていただくことが重要」との見解が示された。とはいえ、「学校が臨時休業でも、児童生徒が外出したら効果がないのではないか」という考えは社会一般で根強く、近隣から公園にいることを非難する声すら耳に入る状況が生まれていた(1)。

こうした状況を踏まえて、日本環境教育学会は３月７日に新型コロナウイルスに関連した感染症対策への対応に関する緊急声明を出し、政府、自治体・教育委員会、子どもを預かる各種施設や家庭等に向け、子どもたちが「外で遊ぶ権利」を最大限に保障することを求めた。声明では「学校等の敷地内における屋外での子どもたちの活動を可能な限り認めること」を政府や自治体等に求めたが、４月に入り事態はさらに深刻化した。

４月７日の緊急事態宣言の発令以降、東京都23区ではすべての公立学校において体育館や校庭等の学校施設開放事業を中止している。板橋区では春季休業中の３月26日（但し、中学校は部活動に参加していない生徒のために学校の実態に応じて適切に設定）から４月３日までの期間校庭開放を実施していた（「春季休業期間の校庭の開放及び部活動の一部再開について」板橋区教育委員会、2020年３月24日付）。しかし、その後の緊急事態宣言の発令に伴い、宣言の解除が予定されていた５月６日まで校庭開放の中止を決めている（「新型コロナウイルス感染症への対応に伴う学校施設開放の中止延長について」板橋区教育委員会、2020年４月８日）。同様に、杉並区は５月６日まで校庭開放の中止を決める一方で、「小学校に限り児童の運動不足の解消や健康維持等の観点から学校在籍児童を対象とした校庭開放は校長の判断により実施することができる」（「新型コロナウイルス感染症に関する区立学校における臨時休業の措置について（通知）」杉並区教育委員会、2020年４月２日）としていた。その後、５月４日の緊急事態宣言の期間延長を受けて５

月31日まで学校開放事業を中止した（「緊急事態宣言の期間延長に伴う区立学校における臨時休業の延長について（通知）」杉並区教育委員会、2020年５月７日）。

学校の全国一斉休校とほぼ同時に、博物館、図書館、動物園・水族館、文化・スポーツ施設も相次ぎ臨時休業に入り、外で遊べば近隣から非難される可能性がある中で子どもたちは自宅で過ごさざるを得なくなっていった。

民間の調査機関が行なった調査報告[(2)]によると、屋外で遊ぶ時間は１年前が１日平均61.1分（小学生66.2分、中学生56.0分）であったのが、今回の調査では平均35.4分（小学生42.4分、中学生28.5分）と４割以上減少したことが報告されている。

そこで本章は、屋外での体験を中心とした環境教育活動がコロナ禍でどのような影響を受け、どのように対応したのか、日本環境教育学会の一連の取組みの詳細、環境教育の重要な拠点である自然学校における影響と対応について紹介する。

２　一般社団法人日本環境教育学会の取組み

一般社団法人日本環境教育学会（以下、学会）は、1990年に任意団体としてスタートし、2016年に法人化した、環境教育に関する研究および実践の推進を目的とする学会である。大学や研究機関に属する研究者や小中高等学校の教員、保育者、博物館や資料館の関係者、環境教育施設や自然学校の実践者など幅広い分野から1,000人強（2021年１月現在）が学会員として参画している。学会全体としての年次大会や各種研究会の実施、全国７支部での研究・実践活動、学会誌やニュースレターの発行などの活動を行っている。

現在、新型コロナウイルス感染症（以下、新型コロナ）は、学会運営や学会員の環境教育研究・実践活動に大きな影響を与えている。その中でも、コロナ禍に対応した学会運営や社会への発信を続けているが、ここにその一部を紹介したい。

（1）COVID-19に関連した感染症対策への対応に関する緊急声明

2020年２月28日の全国小中高等学校等の一斉休業の通知後、野外で遊ぶ子どもの数は大きく減った。子どもたちの心身の発達にとって、自然環境の中で学び・遊ぶことは極めて重要であるが、それらができない状況に鑑み、学会では、政府並びに自治体・教育委員会、報道機関および広く社会に対して、以下の３点の措置を求める「子どもたちが『外で遊ぶ権利』を最大限保障してください」という緊急声明[3]を発信した。数社の報道機関が取り上げ、こうした状況への関心の高さをうかがえた。（巻末資料　新型コロナウイルスに関連した感染症対策への対応に関する緊急声明、参照）

（2）COVID-19対応に関する日本環境教育学会緊急方針

2020年５月14日に39県で緊急事態宣言が解除された以降も、新型コロナによる影響は大きく、学会活動はもちろんのこと、存立意義や基盤の危機にもつながる可能性もあることから、ウィズ・コロナを前提とした緊急活動方針を発信した。会員に対して、状況と課題の共有を呼びかけた上で、当面の学会活動として以下の５点を挙げた。①「COVID-19対応に関する日本環境教育学会会員緊急アンケート調査」を実施する。②学会ウェブサイトに新型コロナウイルス感染症に関する会員との情報共有化プラットフォームを作成する。③新型コロナウイルス感染症（COVID-19）緊急研究プロジェクトチームを発足させる。④環境教育・自然体験活動関係団体・組織等と協力・共同して、環境教育活動・研究の継続・再開のための関係機関への働きかけを強める。⑤第31回年次大会・総会（2020年）をオンラインで開催することとし、当初予定だった北九州市立大学での大会を2021年に行う。現在もこの方針に基づいた運営を行っている。

（3）会員アンケートの実施

学会は緊急方針を受けて「新型コロナウイルス感染症（COVID-19）緊急

研究プロジェクト」を立ち上げた。緊急事態宣言が解除された直後の2020年５月28日からの約２週間の期間に学会員を対象にインターネットによるアンケート調査を行なった結果、105件の有効回答を得た。環境教育活動や研究への影響を尋ねた質問では、影響があったという回答が94％を占めた。また、会員自身の収入の変化をたずねた質問では、減少との回答が14％、所属団体や施設の収入の変化に関する質問では、減少との回答が18％となった。これらの回答を踏まえて、会員に対して年会費免除制度や学会発刊図書の割引販売などの対応を始めた。これら以外には、学校の一斉休業や緊急事態宣言の影響、国の方針に対する評価、学会の対応に関する評価などを聞いた。

（4）ガイドラインの作成

さらにこの調査結果を踏まえて、環境教育活動を継続して実施するための具体的な対策の指針を示す「新型コロナウイルス感染症（COVID-19）に対応した環境教育活動に関するガイドライン」（以下、学会ガイドライン）を６月26日に公表した。これは、環境教育活動が再開されようとしている中で学会として活動の指針を提案するもので、同時に学会員や社会に対して意見や提案を求めた。さらに、７月後半に始まった感染拡大の第２波を受けて、野外の自然体験活動や社会教育施設での環境教育活動に対応するより細かな活動指針が必要と判断し、国内外で公表されている環境教育に関連するガイドラインを参考に学会ガイドラインの改定版（バージョン２）を公表した。学会としては、ガイドラインは随時改訂しなければならないものであると考えており、引き続きウェブサイトを通して意見等を求めている。（巻末資料　新型コロナウイルス感染症（COVID-19）に対応した環境教育活動に関するガイドライン（ver.2)、参照）

（5）その他の取組み

2020年８月には、第31回目となる年次大会をオンラインで開催した。開催に当たっては、実行委員会を組織すると共にテクニカル・アドバイザーチームを編成し、初のオンライン大会を運営した。口頭発表数は前年度大会よりも若干減ったものの、参加者数はほぼ同数となり、盛況のうちに終えることができた。手応えと同時に課題も得ることとなったが、今後の研究会や支部活動にも参考となる材料を得ることができた。

また、学会の三月集会や全国７支部における研究会なども、2020年春の段階では中止することもあったが、以降は感染リスクに留意した上での対面開催やオンライン開催などを行っている。オンラインには課題がある一方で、日本全国や海外どこからでも参加できることや支部の広さをカバーできる利点もあることから、今後の学会活動にも活かされるものと考えている。

さらには、新たな試みとして学会としてのYouTubeチャンネルを開設し、「日本環境教育学会インタビューシリーズ『研究と教育実践—最前線』」という動画教材を発信している。環境教育研究や実践の支援に加えて、普及にもつながるものとして期待されている。

3　自然学校における影響と対応

自然学校とは、地域の自然を舞台に自然体験活動やエコツアー等を提供する事業体である。最近では地域振興に向けた取り組みにも活動の幅を広げていることから、持続可能な地域づくりの拠点としての役割も期待されている。自然学校の定義は以下のとおりである。

【理念･意義】活動を通して「人と自然」「人と人」「人と社会」を深くつなげ、自然と人間が共生する持続可能な社会づくりに貢献していること。

【活動】自然体験活動または、地域の生活文化に関わる地域つくり活動、その他の教育的な体験活動を、専門家の指導の下で組織的に安全に楽しく実施していること。

【組織形態】責任者、指導者、連絡先住所、活動プログラム、活動場所、参加者を有していること。

学童クラブ、エコツアーガイド、森のようちえん、田んぼの学校、ビジターセンター等の自然学校という名称を日頃使っていない場合も、上記の要件を満たすことから自然学校として捉えられる。1980年代前半に日本で最初の自然学校が誕生し、2010年の調査では全国で3,696校が活動していることが報告されている。

（１）自然学校等への影響調査の実施

2020年２月以降、全国の自然学校では予定されていた自然体験活動等を中止または延期することとなった。そのため、公益社団法人日本環境教育フォーラム（以下：JEEF）では、新型コロナの感染拡大を受け、NPO法人自然体験活動推進協議会（以下：CONE）及び一般社団法人日本アウトドアネットワーク（以下：JON）との連携のもとに、全国の自然学校に対して影響調査を2020年４月と９月にそれぞれWEBアンケートで実施した。

調査の結果、多くの自然学校ではプログラムの中止及び延期に伴い売上が減少し、団体存続の危機に直面していることが明らかになった。９月に実施した２回目の調査では、2020年５月以降のプログラムの中止及び延期に伴う１団体あたりの平均損失額は約1,526万円という結果になった。４月の１回目の調査では、１団体あたりの平均損失額は約627万円であったため、平均損失額は約2.4倍に拡大している。回答した団体の多くは年間事業規模（2019年度予算）が3,000万円以下であることを考えると経営に対する影響は大きいと考えられる。また、９割弱の団体が昨年の同時期より売上が減少したと回答しており、うち売上が半減以上の団体は７割弱という結果となった。

さらに、プログラムの中止及び延期によって自然とふれあう機会が減少することは、心身の活力低下にもつながる。とくに、緊急事態宣言解除後も夏休み期間の短縮や集団行動に対する忌避感等により、多くのプログラムが中止または延期となった。その結果、５月以降に中止または延期したプログラムへの１団体あたりの平均参加予定人数は約2,548人に上り、今後心身に対する様々な影響が懸念される。

また、自然学校関係者に対して新型コロナの影響についてヒアリングしたところ、「夏休みのプログラムは感染予防のため１泊までとし、定員は半分に減らした」、「公募はせず、リピーターにのみ告知した」、「公立施設を利用しているため、受入人数などのルールや制約が厳しく、宿泊を伴う活動ができなくなった」、「大学が開いていないため、学生ボランティアの勧誘ができない」と、コロナ禍においてはプログラム内容や参加人数に制限を受けながら活動を展開していることが明らかになった。

（2）ネットワーク団体の対応

これらの調査結果を踏まえて、2020年５月にJEEF、CONE、JONの３団体では関連省庁や地方自治体、国会議員に対して下記の３点を盛り込んだ要望書を提出した。

①自然学校等への夏休み期間を含めた経済支援
②自然の中で安全に過ごすガイドライン普及への支援
③新型コロナウイルス収束後、来年度も含めて自然学校等が自然のなかで体験活動を進める助成事業の展開

とくに、３点目の助成事業の展開については、2020年度補正予算として文部科学省から「子どもたちの心身の健全な発達のための子どもの自然体験活動推進事業」として組み込まれると同時に、委託先として民間の青少年教育団体も含まれる等の成果を残すことができた。

また、同じく2020年５月には新型コロナの流行が収束するまでの当面の対策をとりまとめた「自然体験活動・自然教育・野外教育・環境教育を実施している事業体における新型コロナウイルス対応ガイドライン」を３団体が公表した。

このガイドラインでは、感染拡大の予防と社会経済活動の両立を図った上で必要と考えられる対策を例示し、各自然学校等においては、施設の規模や業態等を勘案し、各自然学校等の実情に合わせた対策（移動、食事、宿泊含）を依頼した。多くの自然学校では、これをベースにプログラム内容に合わせたマニュアルを策定している。

さらに、自然学校の現状や自然体験の重要性を多くの人に伝えることを目的にクラウドファンディング「自然学校エイド基金」を2020年７月１日～10月16日の期間で実施した。全国から自然学校75団体が賛同団体として参加し、目標金額を当初は500万円と設定していたが、最終的には1,000万円を超える寄付金が集まった。

（3）正解がない時代を生き抜く人づくりのために

新型コロナによって自然学校を取り巻く環境が大きく変化したのは事実である。経済的損失や心身の活力低下等のマイナスの面ばかりに目が行ってしまうが、プラス面も存在する。とくに、自然学校でもオンラインを活用したエコツアーや生き物観察会、研修等が実施されるなど、活動の幅が広がったのは事実だ。自然学校の職員は人と自然をつなぐ役割を果たすことから「インタープリター」とも呼ばれている。フィールドが自然からオンラインに変化したとしても、オンラインに適した伝える工夫を施すことで、家の中でも人と自然を十分につなげられる新しい発見もあった。収益確保の課題は残るが、自然体験の今後のあり方を考える大きな転換点となった。ウィズコロナ・ポストコロナにおいてもオンラインの活用は今後ますます活発になることが予想される。そのため、自然学校からグッド・プラクティクスを収集するとともに、共有できるプラットフォームの構築が求められる。

コロナ禍においては、「正解がない問い」に対して立ち向かうことの難しさや必要性が浮き彫りになった。これらに立ち向かうためには、自ら課題を見つけ、学び、考えて行動できる人材の重要性がますます高まっており、自然体験活動に求められる役割は大きい。私たちは自然の中で遊ぶことを通して、生きていくために必要なたくさんのことを学ぶ。自然の大切さ、家族や友人等との付き合い方、自分のことを自分で決定する力、試行錯誤する力。まさに正解がない問いに対して立ち向かう際に求められる能力そのものである。コロナ禍において自然学校が団体存続の危機に直面していることは事実ではあるが、ウィズコロナ・ポストコロナをはじめとした正解がない時代を生き抜く人づくりのためにも、自然学校は必要不可欠な存在である。

4　ポスト・コロナにおける新たな自然体験活動

新型コロナの影響により一部地域の学校を除き、全国の学校が一斉臨時休校となり、人の集まる場所への外出や社会教育施設でのイベント・講座等も中止が求められた。それにより、児童生徒は近所の公園にいることすら非難される状況となった。

このような状況を鑑み、一般社団法人日本環境教育学会は「新型コロナウイルス感染症に関連した感染症対策への対応に関する緊急声明」を発表し、政府並びに自治体・教育委員会などに対し、子どもたちが「外で遊ぶ権利」を最大限保障することを求めた。

主に子どもたちを対象に自然体験活動やエコツアー等を提供する自然学校は、学校の一斉休校や緊急事態宣言の発出により、予定されていた自然体験活動等を中止または延期することとなった。そのため、多くの自然学校が昨年よりも売上が減少し、団体存続の危機に直面している。

現代の子どもたちをめぐる課題として、基本的な生活習慣が身についていないこと、基礎的な体力の低下、異年齢・異世代との交流がないことなどが指摘されている。それらの課題解決のためにも、自然体験、生活・文化体験、社会体験を通して生きる力を育むことが求められている。「青少年の体験活動等に関する調査」(4)によると、自然体験と自立的行動習慣の関係においても、体験が豊かな子どもほど自立的行動習慣の得点の高い子どもの割合が高くなる傾向が見られたことや、体験が豊かな子どもほど自己肯定感や自律性、積極性、協調性が高くなる傾向が見られた。

このような結果から自然体験活動は単に「人と自然」や「人と社会」の関係をつなげることに留まらず、子どもたちの自立的行動や自己肯定感、協調性や積極性を育むために重要である。さらには、子どもの頃から様々な活動に挑戦し多様な経験を重ねていくことができるため、子どもの生活環境の中に意図的、計画的に多様な体験の場や機会を作っていくことが求められている。

新型コロナによって、子どもたちはあらゆる体験や経験の機会が失われた。体験や経験の機会が失われたことは、今後の子どもたちの心身の発達において様々な場面で影響が出てくると思われる。自然学校をはじめ、環境教育や自然体験活動を提供する教育施設の指導者は、この影響に目を背けることなく子どもたちに体験や経験の機会を提供し続けなければならない。新型コロナウイルス感染症に対応するために学会の環境教育活動や個々の施設・団体の自然体験活動のガイドラインを参考にし、これまで行われていた自然体験活動の手法をベースに、オンラインでの開催も積極的に取り入れ、ウィズ・コロナ、ポスト・コロナにおける新たな環境教育における自然体験活動の早急な開発が求められる。

注

（１）「（フォーラム）外遊びできてる？：１　子どもたちは」（朝日新聞デジタル2020年12月20日付）https://www.asahi.com/articles/DA3S14737674.html
（２）近視予防フォーラム「『新型コロナウイルスによって変化した子どもの生活実態』に関する調査」、2020年７月29日 https://prtimes.jp/main/html/rd/p/000000002.000060256.html
（３）一般社団法人日本環境教育学会「新型コロナウイルスに関連した感染症対策への対応に関する緊急声明『子どもたちが「外で遊ぶ権利」を最大限保障してください』」、2020年３月７日 https://www.jsfee.jp/general/403
（４）国立青少年教育振興機構『青少年の体験活動などに関する意識調査（H28年度）』、2019年２月

引用・参考文献

公益社団法人日本環境教育フォーラム『第５回自然学校全国調査2010調査報告書』2011年
公益社団法人日本環境教育フォーラム（2020）「新型コロナウイルス感染拡大に関する自然学校等への影響調査」、https://jeef.or.jp/2020/04/30094/
公益社団法人日本環境教育フォーラム（2020）「新型コロナウイルス感染拡大に関する自然学校等への影響調査-2020年９月版（第２弾）」、https://www.jeef.or.jp/2020/09/31866/

国立青少年教育振興機構『青少年の体験活動等に関する意識調査（平成28年度調査）報告書』2019年
国立青少年教育振興機構『子どもの成長を支える20の体験』2021年
日本環境教育学会・日本国際理解教育学会・日本社会教育学会・日本学校教育学会・SDGs市民社会ネットワーク・グローバル・コンパクト・ネットワーク・ジャパン編『事典　持続可能な社会と教育』2019年

終章　ふたたび「学び」をとめないために

朝岡 幸彦・三浦 巧也・阿部　治

1　ワクチン接種反対運動の教訓

ハリー・コリンズは『我々みんなが科学の専門家なのか？』（法政大学出版局、2017年/原著は2014年）の中で、「ワクチン反対論者」の問題を取り上げている。

「1990年代末から2000年代初頭にかけて、おたふく風邪、はしか、風疹の混合ワクチン（MMRワクチン）に対する反対運動がイギリスで起こった。……1998年の記者会見で、ウェイクフィールドは、MMRワクチンが自閉症の原因になっている可能性があると主張し、MMR混合ワクチンではなく、一種ずつ分けて三つのワクチンを接種することを推奨した。この主張に報道陣が目をつけ、MMRワクチン接種直後に子供が自閉症の最初の症状を示したと述べる親たちについて大々的に報道した。新聞では、この親たちの話と疫学者の報告が『比較検討』された。」（140〜141頁）

疫学者たちがMMRワクチンと自閉症との相関関係を示す証拠はないとしたにもかかわらず、MMRワクチンへの反対の機運が高まり、経済的に余裕のある親たちはお金を払って単独ワクチン接種を始めた結果、（はしかワクチン摂取率が一定レベルより低くなったことにより）「はしかの小規模の流行が起こるまでに至った」と指摘している。ここで問題にされていることは、大きく二つある。

第一は、コリンズが「偽の科学論争」と呼ぶ、科学的には比較してはならない事項を根拠にした報道のあり方である。これは、ワクチン接種と自閉症の繋がりがないことを示す疫学的分析という証拠と、親たちの経験という証拠を「比較検討」すること自体の誤りである。「親たちが見たのは、自分の子供がMMRワクチン接種を受けて、その直後に自閉症の症状を示したという、衝撃的で恐ろしい出来事の継起であり、彼らにはそれは、避けがたい論理によって関係していると思えたはずだ。」(144〜145頁) ここでは、MMRワクチン接種の奨励される年齢が自閉症の症状が発症することの多い年齢であることは顧慮されず、自閉症の子どもの腸内ではしかウイルスが発見されたことがMMRワクチンとの関係に置き換えられていることも問題にされず、自閉症の発症直後にワクチン接種した可能性も検討されていない。

第二は、ワクチン接種に反対する行為が社会的な格差をともなった社会的な感染リスクを高める行為になるということである。「ワクチン接種というのは深刻な案件である。それは、ワクチンを接種した子供の親だけに関わることではなく、その子供や孫だけに関わることではない。ワクチン接種の問題は、私やあなたの子供に関係する問題なのである。……集団免疫が実現するためには、ワクチン摂取率がある程度高い率——はしかの場合だと90パーセント程度に——保たれる必要がある。ワクチン反対運動家が、親たちに、ワクチン接種をしないように説得しているとき、彼らは、あなたの子供を将来的に、はしかの流行——あるいは、百日咳やポリオの流行——に晒すように説得しているのである。」(147〜148頁) とりわけ、こうした病気に感染しやすいのが、「人の密集した状態で生活している、貧しく、栄養状態の悪い子供たち」であることを、コリンズは指摘している。

コリンズは、素人は専門家を信じろと言っているわけではない。「専門知」概念を構造化しながら「ユビキタス専門知」(自分の社会で生きるために使われる専門知)や「メタ専門知」(専門家や専門知を選ぶ知)だけをもとに科学的な問題を判断するのではなく、少なくとも貢献的専門家の会話コミュニティに参加することで得られる「対話的専門知」や「スペシャリスト的なメタ専門知」をもとに判断しなければならないと言っているのである。「専門家という言葉の色々な意味を考えれば、我々みんなが専門家だと言うこともできる。しかし、我々みんなが科学の専門家だと言うことはできない。我々はみんながユビキタス専門家であるが、このことは、深刻な科学論争が問題となっている場合には意味をなさない。」(174頁/傍点は引用者)

新型コロナウイルス感染症（COVID-19/以下、新型コロナ）のワクチン接種が世界で進み、ようやく日本国内でも開始される中でウイルスの特性や防疫について、少しづつ「専門知」も共有されつつある。しかし、「みんなが科学の専門家だと言うことはできない」ならば、私たちは新型コロナにどのように向き合えば良いのだろうか。その一つの手がかりとなるものが、文科省が教育現場に発出した通知や解説・マニュアル等である。

2　文科省が示す「学校の新しい生活様式」における防疫の考え方

（1）新型コロナをめぐる文科省の初動対応

新型コロナの感染状況に合わせて、文科省から多くの通知・依頼・事務連絡等の文書が出されている（巻末資料　新型コロナウイルス感染症（COVID-19）をめぐる文科省の主な動き（通知等）参照)。新型コロナの感染対策としてもっとも早い時期に出された文書が、「新型コロナウイルスに関連した感染症対策に関する対応について（依頼)」(2020年1月24日/文科省総合局教育改革・国際課他）であろう。ここでは、中国武漢市を含む湖北省全域が渡航注意勧告に指定されたことを受けて、「現時点では本疾患は、持続的なヒトからヒトへの感染の明らかな証拠はありません。風邪やインフルエンザへの対策と同様に、咳エチケットや手洗い等、通常の感染対策を行うことが重要です」(下線は引用者）と述べている。

その後、新型コロナが「指定感染症」に指定されたことを受けて、「新型コロナウイルス感染症の『指定感染症』への指定を受けた学校保健安全法上の対応について」(1月28日/文科省総合局生涯学習推進課、初中局健康教育・食育課、高等局高等教育企画課）が出され、「校長は、当該感染症にかかった児童生徒等があるときは、治癒するまで出席を停止させることができます」

と通知した。これを受けて、「中国から帰国した児童生徒等への対応に関する学齢簿の取扱いについて」（２月10日/文科省初中局初等中等教育企画課教育制度改革室）が出されている。

中国からの帰国者（児童・生徒）の感染対応から国内での感染対策にシフトしたものが、「児童生徒等に新型コロナウイルス感染症が発生した場合の対応について」（２月18日/厚労省健康局結核感染症課、文科省初中局健康教育・食育課)、「児童生徒等に新型コロナウイルス感染症が発生した場合の対応について」（２月18日/文科省総合局生涯学習推進課）であった。この２つの文書は宛先が異なるものの、ほぼ同じ内容のものであり、【発生情報の学校等への連絡について】「新型コロナウイルス感染症に罹患した児童生徒等について、……本人又は保護者の同意を得て、届け出を受けた内容について、学校の設置者及び学校と情報を共有する」、【出席停止の措置及び臨時休業の判断について】「校長は、当該児童生徒等に対して、治癒するまでの間、……学校保健安全法（昭和33年４月10日法律第56号）第19条の出席停止の措置を取る。また、……感染経路の特定や濃厚接触者の特定等に協力する」「都道府県等は、……必要であると判断した場合、学校の設置者に対し、学校の全部または一部の臨時休業を要請する」、【地域住民や保護者への情報提供等】「都道府県等は、……学校を通じ、保護者等に対しても、同様に情報を提供する」とされた。

併せて、「国内において新型コロナウイルスに感染した事例が相次いで報告されている中、今後は、国内での感染をできる限り抑えることが重要となってきています」との理由から、感染症対策のポイントを知らせる目的で「学校における新型コロナウイルスに関連した感染症対策について」（２月18日/文科省初中局健康教育・食育課）が出された。「１．基本的な感染症対策の徹底　手洗いや咳エチケットなどの基本的な感染症対策を徹底するよう指導してください。」「２．日常の健康管理や発熱等の風邪の症状がみられる場合の対応免疫力を高めるため、十分な睡眠、適度な運動やバランスのとれた食事を心がけるよう指導してください。また、……児童生徒等に発熱等の風邪の症状が見られるときは、無理をせずに自宅で休養するよう指導するとともに、教職員についても同様の対応を促してください」「3．適切な環境の保持　適切な環境の保持のため、教室等のこまめな換気を心がけるとともに、空調や衣服による温度調節を含めて温度、湿度の管理に努めるよう適切な措置を講じてください」「4．卒業式などの学校行事等における感染症対策　卒業式などの学校行事や入学試験など、大勢の人が長時間同じ空間にいる場合には、こまめな換気を実施するとともに、会場の入り口にアルコール消毒液を設置するなど、可能な範囲での対応を検討してください」と指示された。この時点での「学校保健安全法第19条による出席停止」とする目安は、①「風邪の症状や37.5度以上の発熱が4日以上続く場合（解熱剤を飲み続けなければならない場合も同様）」、②「強いだるさ（倦怠感）や息苦しさ（呼吸困難）がある場合」、③「医療機関において新型コロナウイルスに感染していると診断された場合」であった。

（2）「学校において予防すべき感染症の解説」における感染症対応

文科省の通知等にある「通常の感染対策」をまとめているものが、『学校において予防すべき感染症の解説＜平成30（2018）年3月発行＞』（公財・日本学校保健会）である。これは、それまで学校における感染症対策のマニュアルとして使われてきた『学校において予防すべき伝染病の解説』（1999年、文部省）、『学校において予防すべき感染症の解説』（2013年、文科省）を改定する形で発行されている。

この解説は、「Ⅰ．関係法令の改正等について」「Ⅱ．学校における感染症への対応」「Ⅲ．感染症各論」「Ⅳ．学校において予防すべき感染症のQ＆A」「Ⅴ．関係法令」で構成され、「学校において予防すべき感染症の考え方」で取り上げられる感染症の中に、まだ新型コロナは加えられていない。ただし、SARSコロナウイルスとして「重症急性呼吸器症候群」「中東呼吸器症候群」が「第一種の感染症」に区分され、「感染症法の一類感染症と結核を除く二類感染症を規定している。出席停止期間の基準は、『治癒するまで』である」

と説明されている。このほかに第一種感染症には、エボラ出血熱、クリミヤ・コンゴ出血熱、痘そう、南米出血熱、ペスト、マールブルク病、ラッサ熱、急性灰白髄炎（ポリオ）、ジフタリア、特定鳥インフルエンザ（感染症法第６条第３項第６号に規定する特定鳥インフルエンザをいう）、が指定されている。感染症の予防及び感染症の患者に対する医療に関する法律(感染症法)における「二類感染症」には、「対人：入院（都道府県知事が必要と認めるとき）等」「対物：消毒等の措置」等の措置が実施できるとされている（2019年３月現在)。

また、第二種感染症は「空気感染または飛沫感染するもので、児童生徒等のり患がおおく、学校において流行を広げる可能性が高い感染症」とされ、(一般の）インフルエンザ、百日咳、麻しん、流行性耳下腺炎（おたふくかぜ)、風しん、水痘（みずぼうそう)、咽頭結膜熱、結核、髄膜炎菌性髄膜炎、が指定されている。第三種感染症は「学校教育活動を通じ、学校において流行を広げる可能性がある感染症」とされ、コレラ、細菌性赤痢、腸管出血性大腸菌感染症、腸チフス、パラチフス、流行性角膜炎、急性出血性結膜炎、が指定されている。ここで注目されるのが、「学校で通常見られないような重大な流行が起こった場合には、その感染拡大を防ぐために、必要があるときに限り、校長が学校医の意見を聞き、第三種の感染症の『その他の感染症』として緊急的に措置をとることができる」と説明されていることである。つまり、新型コロナはSARSコロナウイルスであることから第一種感染症に区分されるものでありながら、その特性が明らかになるまでは「その他の感染症」として扱われたと思われる。

「学校における感染症への対応」は、1)学校において予防すべき感染症の考え方（第一種、第二種、第三種感染症)、2)出席停止と臨時休業、3)学校における定期・臨時の児童生徒等の健康診断と感染症、4)就学時の健康診断と感染症、5)海外への渡航や海外からの児童生徒等の受け入れなど、6)学校における感染症への対応に係る体制、に整理されている。とりわけ感染症の予防・拡大防止の手段として、学校保健安全法に具体的に規定されているものが「出席停止と臨時休業」である。学校保健安全法には「第十九条　校長は、感染症にかかっており、かかっている疑いがあり、又はかかるおそれのある児童生徒等があるときは、政令で定めるところにより、出席を停止させることができる」「第二十条　学校の設置者は、感染症の予防上必要があるときは、臨時に、学校の全部又は一部の休業を行うことができる」と規定されており、学校保健安全法施行令には「出席停止の指示」（第６条）「出席停止の報告」（第７条）が、学校保健安全法施行規則には「臨時の健康診断」（第10条/1　感染症又は食中毒の発生したとき、４　結核、寄生虫病その他の疾病の有無について検査を行う必要のあるとき）「感染症の種類」（第18条）「出席停止の期間の基準」（第19条/1　第一種の感染症にかかった者については、治癒するまで）「出席停止の報告事項」（第20条）「感染症の予防に関する細目」（第21条）が示されている。また、新型コロナ初動期に問題となった海外（ここでは中国武漢市・湖北省等）からの帰国児童・生徒への具体的な対応が示されているのが、「海外からの児童生徒等の受け入れ」の項目であるが、結核の高まん延国で６ヶ月以上の居住歴のある児童生徒等に関する解説に留まるため、今回の新型コロナのような事態に機敏に対応できるものとはなっていない。

このように、新型コロナは「想定外」とは言えないものの、学校における「通常の感染対策」だけでは適切に対応しきれないものであった。こうした学校現場における試行錯誤の中で、校長や学校設置者の「出席停止や臨時休業」に関する判断や権限を尊重して対応するという流れに、変更を求めたものが安倍首相（当時）の学校一斉休校の「要請」であった。

（3）「学校における新型コロナウイルス感染症に関する衛生管理マニュアル」の特徴

学校における「通常の感染対策」を規定した『学校において予防すべき感染症の解説』（以下、解説）の限界を乗り越えようとしたものが、2020年５月22日に公表された『学校における新型コロナウイルス感染症に関する衛生管理マニュアル―「学校の新しい生活様式」―』(文科省初中局健康教育・食育課)であろう。

文科省は初動期(第一期　潜伏期)の模索を経て、「新型コロナウイルス感染症対策の基本方針」(2月25日/新型コロナウイルス感染症対策本部決定)を受けて、主に「児童生徒等に新型コロナウイルスが発生した場合の対応について」(2月18日/文科省初中局健康教育・食育課)、「新型コロナウイルス感染症対策のための小学校、中学校、高等学校及び特別支援学校等における一斉臨時休業に関するQ&A」(3月4日/文科省初中局健康教育・食育課)、「新型コロナウイルス感染症に対応した学校再開ガイドライン」(3月24日/文科省)、「新型コロナウイルス感染症対策のための小学校、中学校、高等学校及び特別支援学校等における教育活動の再開等に関するQ&A」(3月26日/文科省)、「新型コロナウイルス感染症対策のための小学校、中学校、高等学校及び特別支援学校等における教育活動の実施等に関するQ&A」(5月21日/文科省初中局健康教育・食育課)などの改訂によって、学校現場に新型コロナ感染対策を指示してきた。こうした通知等をマニュアルとしてまとめたものが『学校における新型コロナウイルス感染症に関する衛生管理マニュアル』(5月22日)であり、その後、4回(6月16日、8月6日、9月3日、12月3日)の改訂が行われている。現時点(2021年3月末)の最新版である「2020.12.3 Ver.5」の構成は、「第1章　新型コロナウイルス感染症について」「第2章　学校における基本的な新型コロナウイルス感染症対策について」「第3章　具体的な活動場面ごとの感染症予防対策について」「第4章　感染が広がった場合における対応について」「第5章　幼稚園において特に留意すべき事項について」「第6章　寮や寄宿舎における感染症対策」となっている。(**表終-1**)

このマニュアルにおける「出席停止」に関する判断の特徴の一つは、「児童生徒等の感染が判明した場合又は児童生徒等が感染者の濃厚接触者に特定された場合」に加えて、「発熱等の風邪の症状がある場合には、児童生徒等も教職員も、自宅で休養することを徹底します(レベル3及びレベル2の地

表終-1　「新しい生活様式」を踏まえた学校の行動基準

地域の感染レベル	身体的距離の確保	感染リスクの高い教科活動	部活動（自由意思の活動）
レベル３	できるだけ2m程度（最低1m）	行わない	個人や少人数での感染リスクの低い活動で短時間での活動に限定
レベル２	1mを目安に学級内で最大限の間隔を取ること	収束局面↓ 感染リスクの低い活動から徐々に実施 拡大局面↑ 感染リスクの高い活動を停止	感染リスクの低い活動から徐々に実施し、教師等が活動状況の確認を徹底
レベル１	1mを目安に学級内で最大限の間隔を取ること	適切な感染対策を行った上で実施	十分な感染対策を行った上で実施

（参考）

<table>
<tr><th>本マニュアル</th><th colspan="3">新型コロナウイルス感染症分科会提言（※）における分類</th></tr>
<tr><td rowspan="2">レベル３</td><td>ステージⅣ</td><td>爆発的な感染拡大及び深刻な医療提供体制の機能不全を避けるための対応が必要な段階</td><td>（病院間クラスター連鎖などの大規模かつ深刻なクラスター連鎖が派生し、爆発的な感染拡大により、高齢者や高リスク者が大量に感染し、多くの重傷者及び死亡者が発生し始め、公衆衛生体制及び医療提供体制が機能不全に陥ることを避けるための対応が必要な状況）</td></tr>
<tr><td rowspan="2">ステージⅢ</td><td rowspan="2">感染者の急増及び医療提供体制における大きな支障の発生を避けるための対応が必要な段階</td><td rowspan="2">（ステージⅡと比べてクラスターが広範囲に多発する等、感染者が急増し、新型コロナウイルス感染症に対する医療提供体制への負荷がさらに高まり、一般医療にも大きな支障が発生することを避けるための対応が必要な状況）</td></tr>
<tr><td rowspan="2">レベル２</td></tr>
<tr><td>ステージⅡ</td><td>感染者の漸増及び医療提供体制への負荷が蓄積する段階</td><td>（３蜜環境などリスクの高い場所でクラスターが度々発生することで、感染者が漸増し、重傷者が徐々に増加してくる。このため、保健所などの公衆衛生体制の負荷も増大するとともに、新型コロナウイルス感染症に対する医療以外の一般医療も並行して実施する中で、医療体制への負荷が蓄積しつつある）</td></tr>
<tr><td>レベル１</td><td>ステージⅠ</td><td>感染者の散発的発生及び医療提供体制に特段の支障がない段階</td><td></td></tr>
</table>

※「今後想定される感染状況と対策について」（令和２年８月７日新型コロナウイルス感染症分科会提言）

『学校における新型コロナウイルス感染症に関する衛生管理マニュアル～「学校の新しい生活様式」～（2020.12.3 Ver.5）』（文科省初中局健康教育・食育課）

域では、同居の家族に風邪症状が見られる場合も登校させないようにしてください)」としていることである。学校保健安全法施行令第６条で「校長は、法第十九条の規定により出席を停止させようとするときは、その理由及び期間を明らかにして、幼児、児童又は生徒にあってはその保護者に、高等学校の生徒又は学生にあっては当該生徒又は学生にこれを指示しなければならない」とされており、「発熱等の風邪の症状（及び同居の家族に風邪症状が見られる)」という理由で児童生徒を出席停止として良いのかという問題がある。PCR検査等によって「陽性」と診断される前に新型コロナに感染しているとの「疑い」に基づいて、出席停止を命ずることが予防措置としてどこまで認められるのか問題となるだろう。

他方で、「臨時休業」の判断については、①設置者は保健所に臨時休業の実施の必要性について相談すること、②校長は感染した児童生徒等に出席停止の措置をとること、③保健所の調査によって濃厚接触者と判定された者の出席停止の措置をとること、④これらにとどまらず学校の全部または一部の臨時休業を行う必要があるかどうかについて、設置者が保健所の調査や学校医の助言等を踏まえて検討し判断すること、と多くの前提条件を求めている。これは、マニュアル（2020.9.3 Ver.4）で「感染者が判明した時点で直ちに臨時休業を行う対応」を示していた方針を変更したものであり、①感染が拡大しやすい場面がわかってきた、②（学校以外の）他の社会経済活動では感染者の発生により直ちに閉鎖や活動停止まで行わない、③10代以下の罹患率が低い、④感染者が発生しても臨時休業を全く行わなくても感染が広がらなかった事例が大部分である、などの理由をあげている。実際に、学校現場における運用状況は「感染者が発生した学校1,996校のうち、臨時休業を実施しなかった学校が55％（1,106校)、学校全体の臨時休業を行なった学校が26％（517校)、特定の学年・学級の臨時休業を行なった学校が15％（297校）となっています」(8/11〜11/25に文科省に報告があった学校数）と紹介している。

3　学校一斉休校と子どもたちのメンタルヘルス

（1）一斉休校後の学校再開（分散登校）時における中高校生のメンタルヘルス

三浦・杉本・佐藤・日下（2021）は、2020年５月に緊急事態宣言が解除された後の、中高校生のメンタルヘルスについて調査を実施した。東京都内にある私立中学高等学校１校に在籍する、中学１年から高校３年までの生徒1,500名を調査協力者とした。回収率は61.1％であり、有効回答数は764名（男子生徒520名、女子生徒244名）であった。三浦ら（2021）が作成した、思春期精神健康調査票（Adolescents' 10-item Health Questionnaire Scale）を、2020年７月にオンライン（教育プラットフォームClassi）にて実施した。

調査の結果、不健康生徒（メンタルヘルスに不調がある生徒）について、中学生では82名（10.7％）であった。高校生では、226名（29.6％）であり、合計308名（40.3％）であった。また、男子生徒と女子生徒の得点を比較した結果、性別において有意な差がみられた（t（476.36）=3.50,p<.001）。女子生徒（平均値=3.75,標準偏差=2.77）が男子生徒（平均値=3.00,標準偏差=2.77）よりもメンタルヘルスの状態が不調であることが示された。さらに、中学生と高校生の得点を比較した結果、中学生と高校生の間において有意な差がみられた（t（559.78）=3.70,p<.001）。高校生（平均値=3.51,標準偏差=2.82）が中学生（平均値=2.74,標準偏差=2.66）よりもメンタルヘルスの状態が不調であることが示された。

三浦ら（2021）の調査結果では、登校再開時におけるメンタルヘルスが不調である生徒は、全体で約４割の生徒に該当する結果となった。また、女子生徒の方が男子生徒よりもメンタルヘルスの不調を訴えていることが示された。さらに、高校生は中学生よりもメンタルヘルスの不調を訴えていることが示された。

本田（2020）は、新型コロナが最初に流行した中国湖北省における、一斉休校が子どもたちのメンタルヘルスにおよぼす影響に関する調査を援用し、以下にまとめている。小学校２年生から６年生の約22.6％で抑うつ症状が認められ、不安症状が認められたのは約18.9％であった。この報告を踏まえると、三浦ら（2021）が調査に用いた尺度の内容と対象者の年齢は異なり、１事例とサンプル数が限られていることを考慮したとしても、新型コロナは、緊急事態宣言解除後の学校生活における中高校生のメンタルヘルスに、大きく影響を与えていることが示唆された。

（2）子どものメンタルヘルスを支える視点

本田（2020）は、見通しの持てない状況にある現在、学校生活において最優先すべきは子どもたちのメンタルヘルスであると主張している。平時にはメンタルヘルスが良好であった子どもの中から新たな問題を抱えた子どもが生じるリスクが高まっていると危惧している。保護者や学校関係者も、これまで経験したことがない社会情勢の中で気持ちのゆとりを失いかけているため、子どもたちのメンタルヘルスにまで気を回すことが難しい。学校生活が巨大なストレスの要因となっている状況を、どのように改善していくかが問われている。

日本赤十字社（2020）は、コロナ禍について、「３つの感染」が進むことへの警鐘を鳴らしている。「病気そのものの感染」「不安と恐れの感染」「嫌悪・偏見・差別の感染」である。つまり、新型コロナは、人々の身体的な健康だけでなく、恐怖で心をむしばみ、特定の他者を敵とみなして攻撃するような状況を生み出す可能性があるとされている。

本来であれば、学校生活において危機的状況に陥った際に、子どもたちのメンタルヘルスを回復に向けて、それぞれが抱える不安や、どうにも抑えられない気持ちを表現し、周囲に受け止めてもらうことが柱としてあげられる。苦しみを分かち合うことが、大きな支えになる。しかし、コロナ禍では身近な人と直接会って話をすることが出来ず、分断されがちであるため、不安な気持ちを分かち合うことが大変難しい状況である。非常に深刻な事態だといえる（窪田、2020）。

そこで、窪田（2020）は、子どもたち同士がいじめに発展することを予防するため、感染症に対する正しい知識を身につけ、差別や偏見の愚かさを理解する教育をしっかり取り組む必要があると指摘している。新型コロナに集団感染したクルーズ船の乗船者を受け入れた医療センターの近隣小学校は、「コロナ小学校」と呼ばれるなど、いわれのない偏見にさらされた。しかしながら、子どもたちは、医療センターが受け入れたクルーズ船の感染者や医療スタッフを励まそうと、高学年全員分の寄せ書きを贈った。寄せ書きを送った子どもの中には、「僕たちが「コロナ小」と言われている、ちょっとつらいことよりも、感染してしまった人たちは、何倍もつらい、悲しい思いをしていて、とてもかわいそうだと思って。」と、偏見による不安や辛さを乗り越え、感染者の不安や辛さといった気持ちに寄り添う子どももいた（NHK NEWSWEB、2020）。医療センターが小学生に向けて感染症に関する正しい知識と対応を発信したこともあり、子どもたちは冷静さを失わなかった。こうした子どもたちの心の回復力（以下、レジリエンス）を信じ、学校全体で子どものメンタルヘルスの維持・向上を支えていくために、様々な心理教育を展開していくことが喫緊の課題である。

（3）子どものメンタルヘルスを育む保健授業

子どもたちの学校生活におけるメンタルヘルスの維持・向上について、心理教育の一環として、保健授業における教育実践を紹介する。2017年7月に告示された中学校学習指導要領解説「保健体育編」総説では、保健分野の「心身の機能の発達と心の健康」について、従前の内容の理解を深めることにするとともに、新たに、ストレスへの対処についての技能の内容が示された。また、ストレスの原因、自分や周囲の状況に応じた対処の仕方を選ぶことが大切であるとも示された。

そこで今回、保健授業時において、新型コロナによる様々な感染の恐怖について生徒同士が話し合い、新型コロナに関するネガティブな感情や思いの共有を通して感染の恐怖への対処方法を考え、レジリエンスを滋養することを目的とした学習指導案を作成した。今回、他者との関わりを重視したのは、集団全体がよりよい状態に発展するためには、それぞれの「関係の質」を高めることが重要であるからである。この「関係の質」については、ダニエル・キム氏が提唱した組織の成功循環モデル（野口、2019）より援用した。

なお、今回の学習指導案はコロナ禍であるため対面型の授業ではなく、Zoomを活用した遠隔型の授業を想定している（**表終-2**）。遠隔型の授業は、コロナ禍においても生徒同士のコミュニケーションを可能とし、生徒が相互に気持ちや考えを受け止め合うことが、大きな心の支えになることが期待される。今回は2021年２月初旬に、私立中学校３年生（４クラス、約160名）に実践し、生徒から以下の感想を得た。

【COVID-19に関する情報の扱い】

・一つの情報だけを信じるのではなく、複数の情報から正しい知識を選ぶ。
・不確かな情報を、他人に流さない。
・様々な情報（特にメディア）については、過剰に反応しない。
・罹らないことはない（誰しもが罹る）という認識を共有する。

【偏見や差別を自ら生まない工夫】

・日ごろから、友達に優しく接することを心掛ける。
・感染した人への思いやり・労りの気持ちを持つ。
・感染した人は悪くはないため、優しく接してあげる。
・お互いのことをよく知ることが大事だと思う。SNS上だけのやり取りは避ける。
・差別は相手のことを理解できないと生じる可能性があるため、まずは相手を理解するように努める。そして、お互いが歩み寄ることが大事だと思う。
・自分がされて嫌なことはしない。
・気づかずに差別をしてしまったときは、素直に謝る

【不安や恐怖を軽減するための工夫】

・不安な時は、先生や大人に相談する。

表終-2　コロナ禍で生じる偏見や差別への対処に関する指導案例

時間	内容	教師の動き	備考
5分	**ウォーミングアップ** **【コロナによる恐怖の原因について、考えてみよう】** ・日本赤十字社の「ウイルスの次にやってくるもの」を視聴する（約3分）。 https://www.youtube.com/watch?v=rbNuikVDrN4 ・「なぜ恐怖が生まれるのか？」に関する理由の順位を、個人で決める。 A. 死ぬかもしれない（恐怖）。 B. 友人に直接会えない（恐怖）。 C. 陽性になったら、人からどう思われるかわからない（恐怖）。 D. 人を差別・偏見してしまうかもしれない（恐怖）。	・Google フォームのURLをチャットで配信し、順位を回答させる。	
12分	**メインワーク** **【コロナによる恐怖から生まれる偏見や差別への対処方法を、みんなで話し合ってみよう】** ・差別や偏見を生まないために、自分たちが出来ることを考える。	・ブレークアウトルーム機能を使って、グループ活動することを指示する（約6分間）。 ・グループは5人1組で構成する。 ・数多く対処方法を提案することが大事と伝える。 ・他者の意見について、「なるほど」「それもいいね」と返事をして、他者の意見を素直に受け入れるように指示する。 ・4分間で、3〜4人に、対処方法を発表してもらう。	・教師は各ルームを巡回し、適宜コメントする。
3分	**まとめ** ・恐怖という気持ちがあってもよいことや、人には様々な気持ちがあってよいことを伝える。しかし、恐怖に支配されて、人に危害を加えたり、偏見を持つことが問題になることを伝える。 ・他者と話し合った中でいろいろな対処方法を知り、実践した上で上手くいったことがあれば、自分の対処レパートリーに入れてみることを伝える。	・Google フォームにおける回答結果を開示（画面共有）し、コメントする。 ・大多数の意見だけではなく、少数派の意見も大事にすることを生徒に意識させる。	

・安全対策を徹底すれば、不安は軽減されるだろう。
・差別を受けた場合、「言わせておけばよい」と考え、受け流す。

このことから、新型コロナの感染による恐怖の感情があることを理解し、適切に対処することが出来れば安心感につながる体験の機会を生徒に与えることができた。また、生徒自身が偏見や差別を生まないための取り組みについても、他者との交流を通して様々な意見を得る機会となった。

ゆえに、今回の教育実践は、生徒自身が新型コロナへの正しい知識や対処を、他者との関わり合いの中で得ることにより、ひとりで不安や恐怖とったネガティブな感情を抱え込むことなく自分の気持ちを他者に開示でき、そして他者の尊厳を大事にすることにより自身のレジリエンスをよりよい状態にすることが可能となったと考える。こうした教育実践が、生徒一人ひとりのメンタルヘルスの維持・向上に影響を与え、ひいてはコロナ禍において生徒の学びを継続的なものにすることを切に願う。

4　ポスト・コロナとしてのSDGsのために

「持続可能な開発のための2030アジェンダ」(Sustainable Development Goals=SDGs）は、貧困や飢餓、気候変動、生物多様性等、現代社会が直面している諸課題を持続可能な開発を通じた変革により打開し、2030年に持続可能な社会を実現するために先進国を含むすべての国々を対象に2015年の国連総会で採択された目標である。その背景には、途上国における課題解決を掲げ2000年の国連ミレニアムサミットで採択され2015年まで実施された国連ミレニアム開発目標と2012年の国連持続可能な開発サミット（リオ＋20）がある。採択以降、2030年の目標達成年に向けて国連や政府機関にとどまらず世界経済フォーラムに代表される経済界、NGO等あらゆる機関・組織が取り組み、今やSDGsは地球人としての共通言語とすら言われている。

SDGsは環境・社会・経済にわたる相互不可分の関係にある17目標169のターゲットによって構成されている。持続可能な開発の3要素である環境・社会・

経済は、この順に階層構造（SDGsのデコレーションケーキモデル）をなしており、SDGsの目標17（実施手段としてのパートナーシップ）以外の16目標は、３要素のいずれかに属している。すなわち、持続可能な開発の基盤は生態系サービスとして表現される自然の恵みであり、その上にこそ安寧な社会を営むことができ、さらに経済活動が成立するのである。今日のようにSDGsが普及した背景には気候危機や生物多様性の消失が企業活動の持続性を否定することに気づいた企業がピンチをチャンスに変えるべく取り組みに参加したことによる。日本政府はSDGs推進本部を設置し、SDGs実施指針を定め、マルチ・ステークホルダーによる取り組みを進めている。

新型コロナウィルス感染症（COVID19）は人獣共通感染症（動物由来感染症）であり、今回のパンデミックは人間による自然破壊（開発）によって宿主が直接・間接的に人間と接触することで引き起こされたものである。同様の人獣共通感染症にはAIDSやSARSなどがあるが、いずれも開発に伴う自然環境の破壊によって自然界から人間界へと伝播した感染症である。前述した持続可能な開発の基盤である自然環境の破壊によって生じたパンデミックが、その上部構造である社会や経済に打撃を与えたのである。COVID-19はSDGsがめざす持続可能な社会の根底にある「自然と人間との関係」の現代社会における危うさ・危険性を如実に教えてくれている。

EU等は気候危機への対応として技術革新によって脱炭素・脱化石燃料を基本にした新たな産業を生み出し、雇用を増やすグリーンリカバリーやグリーンディールを進めてきたが、今回のパンデミックを契機に増大した失業者や疲弊した経済を立て直すためにより加速化している。気候変動や技術革新、生物多様性、雇用等はいずれもSDGsの目標の一つであり、グリーンリカバリー等はポスト・コロナ社会でのSDGs の取り組みのメインストリームとなるであろう（参考：日本版グリーンディール（財団法人日本自然保護協会）。

グリーンリカバリーはパンデミックがSDGs推進に大きく影響した事例といえるが、パンデミックによってSDGsの課題も顕在化してきている。これらは政府のSDGs推進本部（2016）によるSDGs実施指針の中のSDGs実施のための５つの主要原則（普遍性、包摂性、参画型、統合性、透明性と説明責任）の視点から今回のパンデミックをひもとくことで見えてくる。紙幅の関係で僅かな例による課題の表示のみになることをお許しいただきたい。

・原則１　普遍性：目標17のパートナーシップはSDGsの全目標を貫く目標であり、特に「特別な課題をもつ国々」や「食料安全保障」は重点項目として取り上げられているが、パンデミックは農産物（食料）やワクチンなどの自国第一主義を顕在化させ、グローバルノースやグローバルサウスとの間の分断はもちろん、日本と欧米との間にも大きな溝を生み出した。

・原則２　包摂性：パンデミックによって国内外で顕在化した差別や経済格差の拡大等によってSDGsのスローガン「誰一取り残さない（残されない）」という包摂性が否定されている。たとえば、わが国では感染者や関係者等への偏見・差別、非正規労働者や路上生活者といった社会的弱者、エッセンシャルワーカー、ジェンダー間の経済格差や分断等である。学校現場においても、オンライン授業の環境が保護者の所得に依存していることや保護者の経済状況の悪化等を指摘することができる。

・原則３　参画型：我が国においては先に包摂性で指摘したような脆弱な立場に置かれた人々が政府や自治体によるコロナ対策の決定プロセスに参加する機会は限りなく少ない。

・原則４　統合性：サプライチェーン問題、食糧問題（食糧安全保障）、文化活動（ドイツなどでは演劇や音楽等の文化産業に従事する人々もCOVID19による休業補償の対象であったが、日本ではなっていない）、テレワーク（オンライン授業）の功罪、Society5.0の先取り問題、ステイホームによるエネルギー消費の増大等。

・原則５　透明性と説明責任：政府や一部自治体のコロナ対策において透明性も説明責任も十分に果たされていない。

以上のようにCOVID19のパンデミックをSDGsの視点からみることでポスト・コロナにおけるSDGs 推進の課題がより明確になったのではないだろうか。テレワークによる東京一極集中から地方分散への流れの行方についても

SDGs やグリーンリカバリーの視点から注目すべき動きである。

SDGsに先駆けて2002年の持続可能な開発に関する世界首脳会議において日本のNGOと政府が国連「持続可能な開発のための教育（ESD）の10年（2005～2014）」を共同提案し、同年の国連総会において決議・実施に移された。ESDは「持続可能な社会の担い手を育てる教育や学習」であり、文科省は2020年度から小・中・高校と順次施行している新学習指導要領の総則に「持続可能な社会の創り手を育む」ことを盛り込み、すべての小・中・高校でESDに取り組み、SDGsについて扱うこととした。このように本来は持続可能な社会の担い手を育てることを目的とするESDはSDGsの登場によって、当面はSDGsの担い手を育てることとされ、国連も2019年の総会でSDGsのエンジンとしてESDを位置づける「ESD for 2030」を決議している。

我が国におけるESDの特徴は主に学校教育でのみ取り組まれている海外と異なり、社会教育の場や企業、地域づくりなどで広く取り組まれている点にある。ESDを通じたSDGsへの取り組みはポスト・コロナにおいて特に学校現場でより積極的に取り組まれることは間違いない。そしてこれらの教育を受けて育ったSDGsネイティブ世代は気候危機に代表される現在の持続不可能な諸問題、さらにはその背景にある社会構造に向き合わざるを得ないだろう。しかしながら、環境活動家グレタ・ツウェンベリを生み出したスウェーデンのような主権者として社会に参加する教育（スウェーデン若者・市民社会庁（2021））がなされていない日本ではSDGsが就活や流行のファッションにとどまる可能性は否定できない。社会に参画する力を育む主権者教育こそSDGsのエンジンであるESDのコアにしなければならない。

齊藤幸平（2020）はCOVID19のパンデミックを気候変動がもたらす未曽有の危機の先行事例としてみることの重要性を指摘し、SDGsが指摘している諸課題は資本主義ではなく脱成長コミュニズムに移行することでしか解決しない、さらにSDGsを現代版「大衆アヘン」とも指摘している。SDGsがグリーンウォッシュやSDGsウォッシュに終わることの無いようポスト・コロナにおけるSDGsのありかたを今回のパンデミックから学ぶ必要がある。

引用・参考文献

NHK NEWSWEB（2020）感染者受け入れた病院医師ら─寄せ書き贈った小学生に感謝：愛知、https://www3.nhk.or.jp/news/html/20200319/k10012340081000.html（2021年２月閲覧）.

SDGs推進本部、https://www,kantei.go.jp/jp/singi/sdgs/dai2/siryou1.pdf（2021年4月10日参照）

窪田由紀（2020）コロナ危機をチャンスに─心の回復と新しい「学校コミュニティー」、https://www.manabinoba.com/interview/019133.html（2021年２月閲覧）

齊藤幸平『人新生の「資本論」』（集英社、2020年）

スウェーデン若者・市民社会庁、両角達平・他訳『政治について話そう！ スウェーデンの学校における主権者教育の方法と考え方』（アルパカ、2021年）

財団法人日本自然保護協会、アフターコロナの自然保護３「日本版グリーンディールを進める視点」https://www.nacsj.or.jp/2020/11/22610/（2020年４月10日参照）

日本赤十字社（2020）「ウイルスの次にやってくるもの」（絵本アニメーション）、https://www.bs.jrc.or.jp/th/bbc/2020/06/post-146.html（2021年２月閲覧）

野口和裕『病まない組織のつくり方─他人事を自分事に変えるための処方箋─』（技術評論社、2019年）

ハリー・コリンズ『我々みんなが科学の専門家なのか？』（法政大学出版局、2017年/原著は2014年）

本田秀夫「新型コロナウイルス感染症（COVID-19）による精神科医療現場の変化─新型コロナウイルス感染症（COVID-19）感染拡大に伴う学校の一斉休校は,子どものメンタルヘルスにどのような影響を及ぼしたか─」精神科治療学、35（８）、791～795（2020）

三浦巧也・杉本優佳・佐藤速人・日下虎太朗「新型コロナウイルス感染症流行下における中高校生のメンタルヘルスの実態把握─思春期精神健康調査（AHQ-10）作成を通して─」東京私立保健研究会会誌、第62号、24～33（2021）

資料

新型コロナウイルス感染症（COVID-19）に対応した環境教育活動に関するガイドライン（ver.2）

日本環境教育学会では「環境教育における新型コロナウイルス感染症（COVID-19）の影響と対応」緊急研究プロジェクトチームを組織し、所属学会員の環境教育活動及び研究への影響に関する緊急アンケート調査を行いました（2020年５月28日～６月16日）。その結果を踏まえ、「新型コロナウイルス感染症（COVID-19）に対応した環境教育活動に関するガイドライン（ver.1）」を公表しました（同年６月26日）。これは、緊急事態宣言が解除され、さまざまな環境教育活動が「再開」されようとしている中で学会として活動の指針を提案しようとするものです。

今回公表する「新型コロナウイルス感染症（COVID-19）に対応した環境教育活動に関するガイドライン（ver.2）」は、現在の感染拡大傾向を鑑み、野外の自然体験活動や社会教育施設での環境教育活動に対応するより細かな活動指針が必要と考え、米国疾病予防管理センター（Centers for Disease Control and Prevention）が公表した “Suggestions for Youth and Summer Camps”（同年６月25日）をはじめ、国内外で公表されている環境教育に関連するガイドラインを参考に改良しました。

このガイドラインは、COVID-19の特徴や治療法等が明らかになることに対応し、感染拡大の状況に合わせて、学会内外の皆さんのご意見やご批判をお聞きしながら、随時改訂しなければならないものであると考えています。会員の皆さんのご意見やご提案をお願いいたします。

「環境教育における新型コロナウイルス感染症（COVID-19）の影響と対応」緊急研究プロジェクトチーム

新型コロナウイルス感染症（COVID-19）に対応した環境教育活動に関するガイドライン（ver.2）

本ガイドラインは、野外活動等の環境教育活動を継続して実施するために、新型コロナウイルス感染症予防に向けて最大限注意を払いながら具体的な対策を講じるための指針を示すものである。

１．基本的な考え方

⑴　指導者は、新型コロナウイルス感染症予防を参加者が自ら考え行動するための働きかけを行う。

⑵　指導者は、感染症から回復した（もしくは無症状を含む）人が差別されるなどの人権侵害を受けることのないよう意識向上に努める。

⑶　指導者は、繰り返しリスク評価を行う。

⑷　地域の状況や活動内容によって、工夫しながらリスクマネジメントを行う。

２．具体的な対策

基本方針：

＞感染予防の３つの基本を守る。

①　身体的距離（できるだけ２m程度、最低１m）の確保

②　マスクの着用＊1

③　石鹸による手洗い（20秒以上）＊2・アルコール等による手指消毒

＞３密（密集・密接・密閉）を回避した活動を行う。

＊1　WHO（“Advice on the use of masks in the context of COVID-19” 2020年４月６日付）が推奨するユニバーサル・コミュニティ・マスキングの考え方に基づきマスクの着用を基本とする。但し、人との距離が十分保たれている屋外での活動はこれに当たらない。また、マスク着用によって熱中症のリスクが高まる場合は、屋内外の活動を問わず水分補給を行うように努めること。

次に該当する者は、マスクを使用しない。

・２歳以下の乳幼児

・心肺機能が低下している人

・助けを借りずにマスクの着脱ができない人

＊2　石鹸と水が手に入らない場合は、アルコール度数60％以上の手指消毒液を使用する。

⑴　従事者（スタッフ）における対策

・健康状態のチェックリストを作成し健康管理に活用する。

・健康不安がある場合は自宅待機とする。

・出勤前に検温を行う。

・近距離の会話はできるだけ真正面は避ける。

・感染者が発生した場合に備えて対応マニュアルを作成する。

・COVID-19の懸念事項に対応する担当者を決めておくこと。

⑵　施設における対策

・施設清掃の拡充を行い、共用部の消毒を徹底する。

・こまめな換気を心がける。

・視認性の高い場所（例：入り口、食堂、トイレ）に、手洗い・手指消毒、マスク着用等、ウイルスの拡散を止める方法を説明したポスターや看板等を掲示する。
・COVID-19の蔓延を減らすための定期的なアナウンスを放送する。
・入り口・トイレ等に消毒液を設置する。
・入り口の受付等、身体的距離の確保が難しい場合、プラスチック製の柔軟なスクリーンなどの物理的な障壁を設ける。
・運営上の工夫を行い、利用者の人数制限を行う。
・近隣都道府県が感染拡大にある時は施設やイベントのある所在地の地理的地域（例：都道府県あるいは市町村）に居住する従事者と参加者に限定する。
・入館者の検温を行う。
・施設内のゴミ箱は出来るだけフットペダル式を用意し、ゴミ袋を取り出したり、ゴミを処理したり処分したりする際には手袋を使用する。手袋を外した後は手を洗うこと。
・床や歩道にテープを貼ったり、壁にサインを貼ったりして、従事者と参加者、参加者同士が列に並んだときなどに身体的距離を確保できるように物理的なガイドを設置する。
・可能であれば、食堂や遊具を共有する遊び場等の共有スペースを当面閉鎖する*3。

＊３参加者には弁当を持参させ、食堂等の共有スペースを使用せずに離れた場所で食事をするか、少人数のグループで食事をするようにする。

(3) 参加者への周知
・新型コロナウイルス感染拡大防止に関する取り組み、３密を避けるための対策への協力を依頼する。
・健康状態のアンケートを送付し、事前提出を求める。
・健康不安がある場合は参加を見合わせる。
・同居家族や身近な知人に感染が疑われる方がいる場合は参加を見合わせる。
・接触確認アプリ（COCOA）等を活用して過去14日以内に観察期間を必要とされている人と濃厚接触がある場合は参加を見合わせる。
・イベント終了後14日以内に発症した場合、主催者に濃厚接触者の有無を報告する。
・個人情報保護のガイドラインを作成し参加者に周知させ、主催者は遵守する。

(4) 参加者による対策（当日）
・外出時に自宅で検温を行う。
・参加者同士の近距離の会話はできるだけ真正面は避ける。
・マスクの予備、清潔なハンカチ・タオル数枚、ポケットティシュ等を持参する。

３．活動内容に基づいた個別的な留意点

⑴　自然体験活動

・活動グループを少人数で実施する。
・野外においても身体的距離（できるだけ２m程度、最低１m）の確保に努める。
・共用の教材・教具は使用後消毒を徹底する[＊4]。教材・教具の材質にも注意する。
・リスクマネジメントを徹底し、病院にかかるケガをしないように心がける。

＊４但し、消毒が難しいものは、共有しないようにする。

⑵　社会教育施設（博物館・動物園・水族館・環境学習施設等）における環境教育

・施設の共用部分、特に手で触れることが想定される場所はこまめに消毒を行う。
・直接手で触れることができるハンズオン展示物等の使用を当面控える。
・ヒトから動物への感染が懸念される施設では動物との距離を十分に取る。
・３密になるおそれがある感染リスクの高いイベントは行わない。
・グループワークや調理など感染リスクの高い活動は極力避けるように努める。

⑶　学校教育における環境教育

・日常的な健康チェックを励行し、健康に留意した登校・活動参加を促す。
・出来る限り少人数のグループに分かれて行う。
・共用の教材・教具は使用後消毒を徹底する。教材・教具の材質にも注意する。
・グループワークや調理など感染リスクの高い活動は極力避けるように努める。

⑷　講座・講演会等

・３密を避けて実施する。当面50人以上*の活動は避ける。50人未満であっても極力対面での実施を避けオンラインでの開催を検討する。

*「50名以上」とは米国疫病予防管理センター（CDC）の勧告による。

・参加人数が多い場合は時間で区切る、複数会場を用意するなどの工夫を講じる。
・机・座席の配置を工夫する。座席の間隔は身体的距離（できるだけ２m程度、最低１m）の確保と同じ。
・配布資料は出来るだけ事前にメールで送信するか郵便等で送付する。
・飛沫感染を防ぐために大声を出すことを慎む。
・椅子や机、マイク等の共用の道具はこまめに消毒を行う。

資料　新型コロナウイルス感染症（COVID-19）をめぐる文科省の主な動き（通知等）

	文科省通知等の対応
	第Ⅰ期（潜伏期）
2020.1.24	新型コロナウイルスに関連した感染症対策に関する対応について（依頼）［文科省総合局教育改革・国際課他］
2020.1.28	新型コロナウイルス感染症の「指定感染症」への指定を受けた学校保健安全法上の対応について［文科省総合局生涯学習推進課他］
2020.1.30	新型コロナウイルスに感染した場合等の受験生への配慮について（依頼）［文科省高等局大学振興課大学入試室］
2020.1.31	新型コロナウイルス感染症の最新情報について（令和２年１月31日18時時点）［文科省総合局教育改革・国際課他］
2020.2.3	高等学校入学者選抜における新型コロナウイルス感染症への対応について［文科省初中局児童生徒課］/新型コロナウイルスに関連した感染症対策に関する対応について（依頼）［文化庁政策課長］/新型コロナウイルスに係る訪日外国人旅行者向けコールセンター等の周知について（協力依頼）［文化庁政策課長、スポーツ庁政策課長］
2020.2.6	中国から帰国した児童生徒等への対応に関する学齢簿の取扱いについて［文科省初中局初等中等教育企画課教育制度改革室］
2020.2.7	新型コロナウイルスに感染した場合等の大学入学者選抜における受験生への配慮について（補足）［文科省高等局大学振興課大学入試室］
2020.2.10	中国から帰国した児童生徒等への対応について（2/10現在）（通知）［文部科学省総合教育政策局男女共同参画共生社会学習・安全課長他］
2020.2.12	新型コロナウイルス感染症の最新情報について（令和２年２月12日18時時点）［文化庁政策課長］
2020.2.18	児童生徒等に新型コロナウイルス感染症が発生した場合の対応について［厚生労働省健康局結核感染症課、文科省初中局健康教育・食育課］（別紙）児童生徒等に新型コロナウイルス感染症が発生した場合の対応（２月18日時点）/児童生徒等に新型コロナウイルス感染症が発生した場合の対応について［文科省総合局生涯学習推進課］/学校における新型コロナウイルスに関連した感染症対策について［文科省初中局健康教育・食育課］
2020.2.19	高等学校入学者選抜等における新型コロナウイルス感染症への対応について（第２報）［文科省初中局児童生徒課他］
	第Ⅱ期（拡大期）
2020.2.25	新型コロナウイルス感染症対策の基本方針［新型コロナウイルス感染症対策本部決定］/学校の卒業式・入学式等の開催に関する考え方について（令和２年２月25日時点）［文科省総合局生涯学習推進課他］/児童生徒等に新型コロナウイルス感染症が発生した場合の対応について（第二報）［文科省総合局生涯学習推進課他］
2020.2.26	各種文化イベントの開催に関する考え方について（令和２年２月26日時点）［文化庁政策課長］/社会教育施設において行われるイベント・講座等の開催に関する考え方について（令和２年２月26日時点）［文科省総合局地域学習推進課］
2020.2.27	新型コロナウイルス感染症防止のための学校の臨時休業に関連しての保育所等の対応について［厚労省子ども家庭局保育課、子育て支援課］
2020.2.28	新型コロナウイルス感染症対策のための小学校、中学校、高等学校及び特別支援学校等における一斉臨時休業について（通知）［文科省事務次官］/新型コロナウイルス感染症対策のための小学校、中学校、高等学校及び特別支援学校等における臨時休業に伴う教育課程関係の参考情報について（２月28日時点）［文科省初中局教育課程課］/新型コロナウイルス感染症防止のための学校の臨時休業に関連しての幼稚園の対応について［文科省初中局幼児教育課］/新型コロナウイルス感染症対策に関する地域学校協働活動の取扱について［文科省総合局地域学習推進課地域学校協働活動推進室］/新型コロナウイルス感染症の発生に伴う医療関係職種等の各学校、養成所及び養成施設等の対応について［文科省初中局、高等局、厚労省医政局、健康局、医薬・生活衛生局、社会・援護局、社会・援護局障害保健福祉部］
2020.3.2	新型コロナウイルス感染症対策のための臨時休業期間における学習支援コンテンツポータルサイトの開設について［文科省総合局生涯学習推進課他］/新型コロナウイルス感染症防止のための小学校等の臨時休業に関連した放課後児童クラブ等の活用による子どもの居場所の確保について（依頼）［文科省初中局長、総合局長、大臣官房文教施設企画・防災部長、厚労省子ども家庭局長、社会・援護局障害保健福祉部長］/新型コロナウイルス感染拡大防止において出勤することが著しく困難であると認められる場合の休暇の取扱いについて（通知）［文科省初中局財務課長］/新型コロナウイルス感染症対策のための小学校、中学校、高等学校及び特別支援学校等における一斉臨時休業の要請に係る留意事項について（周知）［文科省高等局高等教育企画課］/中国から帰国した児童生徒等への対応について［追加２報（韓国・大邱広域市及び慶尚北道清道郡の追加）］（令和２年３月２日現在）［文科省初中局健康教育・食育課］
2020.3.4	新型コロナウイルス感染症対策のための小・中・高等学校等における臨時休業の状況について（令和２年３月４日（水）８時時点・暫定集計）/新型コロナウイルス感染症対策のための小学校、中学校、高等学校及び特別支援学校等における一斉臨時休業に関するQ&Aの送付について（３月４日時点）［文科省初中局健康教育・食育課］/新型コロナウイルス感染症対策のための小学校、中学校、高等学校及び特別支援学校等における一斉臨時休業中の児童生徒の外出について（３月４日時点）［文科省初中局健康教育・食育課他］
2020.3.5	令和２年度より使用する教科書の供給業務について［文科省初中局教科書課］/一斉臨時休業中の子供たちへの各家庭での指導と見守りについて（協力のお願い）［文科省総合局地域学習推進課］/新型コロナウイルス感染症に対する感染管理改訂2020年３月５日［国立感染症研究所］/「新型コロナウイルス感染拡大防止において出勤することが著しく困難であると認められる場合の休暇の取扱いについて」の適切な対応について（通知）［文部科学省初等中等教育局財務課長］/新型コロナウイルス感染症への対応を踏まえた業務体制の確保について（通知）［文科省初中局財務課長］

	文科省通知等の対応
2020.3.6	新型コロナウイルス感染症への対応を踏まえた私立学校における業務体制の確保について（事務連絡）［文科省高等局私学部私学行政課］/新型コロナウイルス感染症防止のための学校の臨時休業に関連しての重症心身障害児や医療的ケア児等の受入れについて［厚労省社会・援護局障害保健福祉部障害福祉課、文科省初中局特別支援教育課］
2020.3.9	新型コロナウイルス感染症対策のための小学校、中学校、高等学校及び特別支援学校等における一斉臨時休業に関する Q&A の送付について（3 月 9 日時点）［文科省初中局健康教育・食育課］
2020.3.10	臨時休業に伴う学校給食休止への対応について［文科省初中局健康教育・食育課］
2020.3.11	新型コロナウイルス感染症対策のための小学校、中学校、高等学校及び特別支援学校等における一斉臨時休業に関する Q&A の送付について（3 月 11 日時点）［文科省初中局健康教育・食育課］/新型コロナウイルス感染症への対応を踏まえた学校法人の運営に関する取扱いについて（事務連絡）［文科省高等局私学部私学行政課］/新型コロナ感染症への対応に伴う免許状更新講習の中止により講習を受講できなかった者への対応について（事務連絡）［文科省総合局教育人材政策課］/臨時休業に伴う学校給食休止により影響を受けている学校給食関係事業者に対する配慮について（依頼）［文科省初中局健康教育・食育課、農水省食料産業局食品流通課］
	第 III 期（規制強化期①）
2020.3.13	新型コロナウイルス感染症対策のための小学校、中学校、高等学校及び特別支援学校等における一斉臨時休業に関する Q&A の送付について（3 月 13 日時点）［文科省初中局健康教育・食育課］/新型コロナウイルス感染症への対応を踏まえた 2020 年度卒業・修了予定者等の就職・採用活動及び 2019 年度卒業・修了予定等の内定者への特段の配慮に関する要請について（周知）［文科省高等局学生・留学生課、厚労省人材開発統括官若年者・キャリア形成支援担当参事官室］/新型コロナウイルス感染症対策に伴い発生する未利用食品の利用促進等について［文科省初中局健康教育・食育課、厚労省子ども家庭局家庭福祉課母子家庭等自立支援室、厚労省社会・援護局地域福祉課生活困窮者自立支援室］
2020.3.17	新型コロナウイルス感染症対策に係る春季休業期間中の留意点について［文科省総合局生涯学習推進課他］/新型コロナウイルス感染症対策のための小学校、中学校、高等学校及び特別支援学校等における一斉臨時休業及び春季休業期間に関する Q&A の送付について（3 月 17 日時点）［文科省初中局健康教育・食育課］/令和 2 年度全国学力・学習状況調査について（通知）［文科省］/新型コロナウイルス感染症対策のための小学校等の臨時休業に関連した子供の居場所の確保等に関する各自治体の取組状況等について
2020.3.18	臨時休業に伴う学校給食休止により影響を受けている学校給食の調理業務等受託者に対する配慮について（依頼）［文科省初中局健康教育・食育課、農水省食料産業局食文化・市場開拓課、中小企業庁事業環境部取引課］/新型コロナウイルス感染症対策に伴う学校教育における教科書の円滑な利用について［文科省初中局教科書課］
2020.3.19	教科書を十分に活用した補充のための授業等の実施に向けた資料の作成等について［文科省初中局教育課程課他］/新型コロナウイルス感染症の状況を踏まえた学校保健安全法に基づく児童生徒等及び職員の健康診断の実施等に係る対応について［文科省初中局健康教育・食育課］/「学校の臨時休業の実施状況、取組事例等について【令和 2 年 3 月 19 日時点】」の送付について［文科省初中局健康教育・食育課］
2020.3.21	社会教育施設において行われるイベント・講座等の開催に関する考え方について（令和 2 年 3 月 21 日時点）［文科省総合局地域学習推進課］
2020.3.24	新型コロナウイルス感染症に対応した学校再開ガイドライン（令和 2 年 3 月 24 日）［文科省］/令和 2 年度における小学校、中学校、高等学校及び特別支援学校における教育活動の再開等について（通知）［文科事務次官］/令和 2 年度における専門学校等の授業の開始等について（通知）［文科省総合局長］/令和 2 年度における大学等の授業の開始等について（通知）［文科省高等局長］
2020.3.25	各学校等における教育活動の再開へ向けたマスクの準備について［文科省初中局健康教育・食育課］/新型コロナウイルス感染症対策のための小学校、中学校、高等学校及び特別支援学校における外国語指導助手（ALT）等の勤務への配慮について［文科省初中局教育課程課］
2020.3.26	学校給食従事者におけるマスクの着用及び手指の消毒について［文科省初中局健康教育・食育課］/新型コロナウイルス感染症に対応した小学校、中学校、高等学校及び特別支援学校等における教育活動の再開等に関する Q&A（令和 2 年 3 月 26 日時点）
2020.3.31	新型コロナウイルス感染症への対応を踏まえた私立学校における業務体制の確保について（第 2 報）［文科省高等局私学部私学行政課、厚労省労働基準局監督課］
2020.4.1	「II．新型コロナウイルス感染症に対応した臨時休業の実施に関するガイドライン」の改訂について（通知）［文科事務次官］/新型コロナウイルス感染症対策に係る J ET プログラム参加者への配慮について［総務省自治行政局国際室長、外務省大臣官房人物交流室長、文科省初中局情報教育・外国語教育課長］
2020.4.3	新型コロナウイルス感染症に対応した小学校、中学校、高等学校及び特別支援学校等における教育活動の再開等に関する Q&A（令和 2 年 4 月 3 日時点）
2020.4.6	新型コロナウイルス感染症に対応した小学校、中学校、高等学校及び特別支援学校等における教育活動の再開等に関する Q&A（令和 2 年 4 月 6 日時点）/新型コロナウイルス感染症対策に関する学校の新学期開始状況等について
2020.4.10	学校への布製マスクの配布について［文科省］/新型コロナウイルス感染症対策に関する学校の新学期開始状況等について/新型コロナウイルス感染症対策に関する専門学校における学事日程等の検討状況について［文科省総合局生涯学習推進課専修学校教育振興室］/新型コロナウイルス感染症対策に関する大学等の対応状況について
2020.4.13	新型コロナウイルス感染症のまん延防止のための出勤者の削減について（通知）［文科省初中局初等中等教育企画課長他］
2020.4.14	令和 2 年度使用教科書の給与について（依頼）［文科省初中局教科書課］
2020.4.15	新型コロナウイルス感染症に対応した小学校、中学校、高等学校及び特別支援学校等における教育活動の再開等に関する Q&A の送付について（4 月 15 日時点）［文科省初中局健康教育・食育課］

	文科省通知等の対応
2020.4.17	令和 2 年度全国学力・学習状況調査について（通知）（令和 2 年 4 月 17 日）［文科省総合局長］/専門学校等における新型コロナウイルス感染症の拡大防止措置の実施に際して留意いただきたい事項等について（周知）［文科省総合局長］/4 月以降の臨時休業等に伴う学校給食休止により影響を受ける学校給食関係事業者に対する配慮について（依頼）［文科省初中局健康教育・食育課］/大学等における新型コロナウイルス感染症の拡大防止措置の実施に際して留意いただきたい事項等について（周知）［文部科学省高等教育局長］/新型コロナウイルス感染症に対応した小学校、中学校、高等学校及び特別支援学校等における教育活動の再開等に関する Q&A の送付について（4 月 17 日時点）［文部科学省初等中等教育局健康教育・食育課］/ II．新型コロナウイルス感染症に対応した臨時休業の実施に関するガイドライン（令和 2 年 4 月 17 日改訂版）/「II.新型コロナウイルス感染症に対応した臨時休業の実施に関するガイドライン」の変更について（通知）［文科事務次官］/令和 2 年度全国学力・学習状況調査について（通知）（令和 2 年 4 月 17 日）［文科省総合局長］/令和 2 年度における大学・専門学校等の教職課程等の実施に関する Q&A の送付について（4 月 17 日時点）［文科省総合局教育人材政策課］
2020.4.19	4 月 16 日の緊急事態宣言を受けて学校の臨時休業を決定した道府県（令和 2 年 4 月 19 日時点）
2020.4.20	学校へ配布する布製マスクへの不良品混入事例について［文科省］
2020.4.21	新型コロナウイルス感染症対策のために小学校、中学校、高等学校等において臨時休業を行う場合の学習の保障等について（通知）［文科省初中局長］/学事日程等の取扱い及び遠隔授業の活用に係る Q&A の送付について（4 月 21 日時点）［文科省高等局大学振興課］/専修学校等に係る学事日程等の取扱い及び遠隔授業の活用に係る Q&A 等の送付について（4 月 21 日時点）［文科省総合局生涯学習推進課］/新型コロナウイルス感染症対策にかかる学校をサポートする人材確保における退職教員の活用について（依頼）［文科省総合教育局教育人材政策課他］
2020.4.22	新型コロナウイルス感染症の拡大防止と運動・スポーツの実施について［スポーツ庁健康スポーツ課］/特別定額給付金（仮称）事業等に関する学生等への周知について（依頼）［文科省高等局学生・留学生課他］
2020.4.23	新型コロナウイルスによる緊急事態宣言を受けた家庭での学習や校務継続のための ICT の積極的活用について［文部省初中局情報教育・外国語教育課長］/「新型コロナウイルス感染症対策の状況分析・提言」について［文科省総合局地域学習推進課］/新型コロナウイルス感染症に対応した小学校、中学校、高等学校及び特別支援学校等における教育活動の再開等に関する Q&A の送付について（4 月 23 日時点）［文科省初中局健康教育・食育課］/休館中の図書館、学校休業中の学校図書館における取組事例について［文科省初中局健康教育・食育課］/新型コロナウイルス感染症対策のために幼稚園において臨時休業を行う場合の留意事項及び幼児や職員が新型コロナウイルス感染症に罹患した場合の関係者への情報提供について［文科省初中局幼児教育課他］
2020.4.27	新型コロナウイルス感染症の拡大を踏まえた高等教育の修学支援新制度の運用等について（周知）［文科省高等局学生・留学生課他］
2020.4.28	新型コロナウイルス感染症への対応に関する免許法認定講習の実施方法の特例について（通知）［文科省総合局教育人材政策課長］/新型コロナウイルス感染症への対応に関する免許法認定講習の実施方法の特例について（通知）［文科省総合局教育人材政策課長］
2020.4.30	指定行事の中止等により生じた入場料金等払戻請求権を放棄した場合の寄附金控除又は所得税額の特別控除について［文化庁文化経済・国際課他］/文部科学省が担当する機関要件の確認について［文科省高等局学生・留学生課高等教育修学支援室］/新型コロナウイルス感染症に係る影響を受けた学生等に対する経済的支援等について（依頼）［文科省高等局学生・留学生課他］/新型コロナウイルス感染症対策に伴う学校卒業者に係る乗船実習の取扱いについて（周知）［文部科学省初等中等教育局参事官（高等学校担当）付他］/新型コロナウイルス感染症の予防に関わる指導資料［文科省］
2020.5.1	「新型コロナウイルス感染症対策の現状を踏まえた学校教育活動に関する提言」（令和 2 年 5 月 1 日）［学校における新型コロナウイルス感染症の対策に関する懇談会］/新型コロナウイルス感染症対策としての学校の臨時休業に係る学校運営上の工夫について（通知）［文科省初中局長］/遠隔授業等の実施に係る留意点及び実習等の授業の弾力的な取扱い等について［文科省高等局大学振興課］/専修学校等における遠隔授業等の実施に係る留意点及び実習等の授業の弾力的な取扱い等について（周知）［文科省総合局生涯学習推進課］/令和 2 年度における教育実習の実施期間の弾力化について（通知）［文科省総合局教育人材政策課長］/新型コロナウイルス感染症対応地方創生臨時交付金による学校給食関係事業者への対応について（周知）［文科省初中局健康教育・食育課、農水省食料産業局食品流通課］
2020.5.4	5 月 4 日に決定された「新型インフルエンザ等緊急事態宣言」の延長等について［スポーツ庁政策課］/5 月 4 日に決定された「新型インフルエンザ等緊急事態宣言」の延長等について［文科省総合局地域学習推進課長］
2020.5.7	「妊娠中及び出産後の女性労働者が保健指導又は健康診査に基づく指導事項を守ることができるようにするために事業主が講ずべき措置に関する指針」の一部改正について（通知）［文科省初中局初等中等教育企画課長他］/新型コロナウイルス感染症緊急経済対策を踏まえた業務体制の確保について［文部科学省初等中等教育局初等中等教育企画課他］/新型コロナウイルス感染症対策に伴う児童生徒の学びの保障のための ICT を活用した著作物の円滑な利用のための対応について［文科省初中局教科書課］/新型コロナウイルス感染症対策に伴う学校教育における教科書の円滑な利用のための継続的な対応について［文科省初中局教科書課］/新型コロナウイルス感染症に対応した臨時休業中における障害のある児童生徒の家庭学習支援に関する留意事項について［文科省初中局特別支援教育課］
2020.5.8	新型コロナウイルス感染症対策に伴う学校教育のための教材や学習動画の作成・活用に当たっての留意事項について［文部科学省初等中等教育局教科書課他］
2020.5.11	獣医師国家試験の受験資格に係る取扱い等について［文科省高等局専門教育課、農水省消費・安全局畜水産安全管理課］/令和 2 年度における教職大学院の実習の実施方法の弾力化及び留意事項について（通知）［文科省総合局教育人材政策課長］
2020.5.12	新型コロナウイルス感染症対策に伴う令和 3 年度使用教科書の採択事務処理の運用等について［文科省初中局教科書課］

	文科省通知等の対応
2020.5.13	臨時休業等に伴い学校に登校できない児童生徒の食に関する指導等について［文科省初中局健康教育・食育課］/中学校等の臨時休業の実施等を踏まえた令和 3 年度高等学校入学者選抜等における配慮事項について（通知）［文科省初中局長］/臨時休業期間における外国人児童生徒等に対する学習指導・支援の留意事項等について［文科省総合局女共同参画共生社会学習・安全課］/新型コロナウイルス感染症に対応した小学校、中学校、高等学校及び特別支援学校等における教育活動の再開等に関する Q&A の送付について（5 月 13 日時点）［文科省初中局健康教育・食育課］
	第Ⅳ期 A（規制緩和期①）
2020.5.14	「公民館における新型コロナウイルス感染拡大予防ガイドライン」及び「図書館における新型コロナウイルス感染拡大予防ガイドライン」について［文科省総合局地域学習推進課］/高等学校等の臨時休業の実施等に配慮した令和 3 年度大学入学者選抜における総合型選抜及び学校推薦型選抜の実施について（通知）［文科省高等局長］/高等学校等の臨時休業の実施等に配慮した令和 3 年度専門学校入学者選抜について（通知）［文科省総合局生涯学習推進課長］
2020.5.15	学校教育活動再開時における登下校時の安全確保について［文科省総合局男女共同参画共生社会学習・安全課］/新型コロナウイルス感染症の状況を踏まえた専門学校等における教育活動の実施に際しての留意事項等について（周知）［文科省総合局生涯学習推進課］/新型コロナウイルス感染症の状況を踏まえた大学等における教育研究活動の実施に際しての留意事項等について（周知）［文科省高等局高等教育企画課］/5 月 14 日に決定された「新型インフルエンザ等緊急事態宣言」における緊急事態措置を実施すべき区域の変更について［文科省総合局地域学習推進課長］/新型コロナウイルスによる緊急事態宣言を受けた家庭での学習や校務継続のための ICT の積極的活用について［文科省初中局情報教育・外国語教育課長］/新型コロナウイルス感染症の影響を踏まえた学校教育活動等の実施における「学びの保障」の方向性等について（通知）［文科省初中局長］
2020.5.18	緊急事態措置を実施すべき区域の指定の解除に伴う地域学校協働活動の取扱及び地域学校協働活動の取組の工夫に関する考え方について［文科省総合局地域学習推進課地域学校協働活動推進室］/新型コロナウイルスの感染症対策のための臨時休業等に伴い学校に登校できなかった生徒に対する高等学校通信制課程の学習指導について［文部科学省初等中等教育局参事官（高等学校担当）付］/令和 2 年度における大学・専門学校等の教職課程等の実施に関する Q&A の送付について（5 月 18 日時点）［文科省総合局教育人材政策課］/新型コロナウイルス感染症対策に伴う学校卒業者に係る乗船実習の取扱いについて（正式通知）（周知）［文科省初中局参事官（高等学校担当）付他］/新型コロナウイルス感染症対策に伴う学校卒業者に係る 3 級海技士試験の取扱いについて（周知）［文科省初中局参事官（高等学校担当）付他］/「子どもの見守り強化アクションプラン」の実施にあたっての協力依頼について（通知）［文科省初中局長］
2020.5.19	学生支援緊急給付金給付事業（「学びの継続」のための『学生支援緊急給付金』）について（依頼）［文科省高等局学生・留学生課］/職場における新型コロナウイルス感染症への感染予防、健康管理の強化について［文科省総合局地域学習推進課］
2020.5.21	学校の体育の授業におけるマスク着用の必要性について［スポーツ庁政策課学校体育室］/新型コロナウイルス感染症に対応した小学校、中学校、高等学校及び特別支援学校等における教育活動の実施等に関する Q&A の送付について（5 月 21 日時点）［文科省初中局初等中等教育企画課］
2020.5.22	5 月 21 日に決定された「新型インフルエンザ等緊急事態宣言」における緊急事態措置を実施すべき区域の変更について［文科省総合局地域学習推進課長］/学事日程等の取扱い及び遠隔授業の活用に係る Q&A 等の送付について（5 月 22 日時点）［文部科学省高等教育局大学振興課］/「安全に運動・スポーツをするポイントは?」の改正について［スポーツ庁健康スポーツ課］/学校における新型コロナウイルス感染症に関する衛生管理マニュアル～「学校の新しい生活様式」～について［文科省初中局健康教育・食育課］/今年度における学校の水泳授業の取扱いについて［スポーツ庁政策課学校体育室他］
2020.5.25	専修学校等に係る学事日程等の取扱い及び遠隔授業の活用に係る Q&A 等の送付について（5 月 25 日時点）［文科省総合局生涯学習推進課］
2020.5.26	5 月 25 日に決定された「新型インフルエンザ等緊急事態解除宣言」等について［文科省総合局地域学習推進課長］/5 月 25 日に決定された「新型インフルエンザ等緊急事態解除宣言」及び解除後の催物等に関する対応等について［スポーツ庁政策課］
2020.5.27	「学校・子供応援サポーター人材バンク」の周知について（依頼）［文科省総合局地域学習推進課地域学校協働活動推進室］/新型コロナウイルス感染症に対応した小学校、中学校、高等学校及び特別支援学校等における教育活動の再開後の児童生徒に対する生徒指導上の留意事項について（通知）［文科省初中局児童生徒課長］
2020.5.28	教職課程を履修する学生への「学校・子供応援サポーター人材バンク」の再度の周知等について（依頼）［文科省総合局教育人材政策課］/熱中症事故の防止について（依頼）［スポーツ庁健康スポーツ課長］
2020.5.29	新型コロナウイルス感染症に係る影響を受けた学生等への経済的支援等に関する「学生の"学びの支援"緊急パッケージ」の公表及び相談対応等における留意点について（依頼）［文科省高等局学生・留学生課他］
2020.6.1	新型コロナウイルス感染症の発生に伴う医療関係職種等の各学校、養成所及び養成施設等の対応について［文科省初中局他］/新型コロナウイルス感染症への対応を踏まえた 2020 年度卒業予定者等の就職・採用活動への配慮について（要請）［文科省総合局長他］/新型コロナウイルス感染症の影響を踏まえた職業に関する教科の実習等に関する Q&A について［文科省初中局参事官（高等学校担当）付産業教育振興室］/「新しい生活様式」を踏まえた御家庭での取組について（協力のお願い）［文科省総合局地域学習推進課他］
2020.6.4	「旅行関連業における新型コロナウイルス対応ガイドラインに基づく国内修学旅行の手引き（第 1 版）」について［文科省初中局児童生徒課長］
2020.6.5	新型コロナウイルス感染症に対応した持続的な学校運営のためのガイドライン及び新型コロナウイルス感染症対策に伴う児童生徒の「学びの保障」総合対策パッケージについて（通知）［文科事務次官］/専門学校等における新型コロナウイルス感染症への対応ガイドラインについて（周知）［文科省総合局長］/大学等における新型コロナウイルス感染症への対応ガイドラインについて（周知）［文科省高等局長］/学校の授業における学習活動の重点化に係る留意事項等について（通知）［文科省初中局教育課程課長］/ウイルス感染症の影響を踏まえた教員免許更新制に係る手続等の留意事項について（通知）［文科省総合局教育人材政策課長］

	文科省通知等の対応
2020.6.8	学校等欠席者・感染症情報システムの加入について（依頼）［健康教育・食育課］
2020.6.9	新型コロナウイルス感染症への対応に伴い土曜授業等を実施する場合における週休日の振替等の適切な実施及び工夫例等について（通知）［文科省初中局初等中等教育企画課長］
2020.6.11	令和３年３月新規高等学校卒業者の就職に係る推薦及び選考開始期日等の変更について（通知）［文科省初中局長他］
2020.6.16	「学校における新型コロナウイルス感染症に関する衛生管理マニュアル～「学校の新しい生活様式」～」の改訂について［文科省初中局健康教育・食育課］
2020.6.17	新型コロナウイルス感染症への対応を踏まえた学校法人の登記に関する取扱いについて［文科省高等局私学部私学行政課］
2020.6.19	令和３年度大学入学者選抜実施要項について（通知）［文科省高等局長］/特別支援学校等における新型コロナウイルス感染症対策に関する考え方と取組について（通知）［文科省初中局長］
2020.6.22	令和３年度専門学校入学者選抜について（通知）［文科省総合局生涯学習推進課長］/令和３年度高等学校入学者選抜等の実施に当たっての留意事項について（通知）［文科省初中局児童生徒課他］
2020.6.23	新型コロナウイルス感染症の発生に伴う看護師等養成所における臨地実習の取扱い等について（周知）［文部科学省高等教育局医学教育課］
2020.6.24	新型コロナウイルス感染症の拡大を踏まえた高等教育の修学支援新制度の運用等について（周知）［文科省高等局学生・留学生課他］
2020.6.26	新型コロナウイルス感染症への対応に伴う教職員のメンタルヘルス対策等について（通知）［文科省初中局初等中等教育企画課長］/修学旅行の相談窓口の設置及び Go To トラベル事業の活用について［児童生徒課］/新型コロナウイルス感染症に係る影響を受けた学生等への経済的支援等における留意点について（依頼）［文部科学省高等教育局学生・留学生課他］
2020.7.8	令和２年度 JET プログラム事業における新規招致について（通知）［総務省自治行政局国際室長、外務省大臣官房人物交流室長、文科省初中局外国語教育推進室長］
2020.7.10	小学校、中学校、高等学校及び特別支援学校における外国語指導助手（ALT）等を活用した学習の確保について［文科省初中局教育課程課他］
2020.7.13	新型コロナウイルス感染症の発生又はまん延に伴う更新講習修了期間の特例に関する省令の施行について（通知）［文科省総合教育政策局長］
2020.7.17	学校の授業における学習活動の重点化に係る留意事項等について（第２報）（通知）［文科省初中局教育課程課長、教科書課長］/新型コロナウイルス感染症の影響を踏まえた職業に関する教科の実習等に関する Q&A について（一部更新）［文科省初中局参事官（高等学校担当）付産業教育振興室］
2020.7.27	本年度後期や次年度の各授業科目の実施方法に係る留意点について［文科省高等局大学振興課］
2020.7.28	現在の感染状況を踏まえた修学旅行等への配慮及び Go To トラベル事業の活用について［文科省初中局児童生徒課、国交省観光庁参事官（旅行振興）］/飲食店等におけるクラスター発生の防止に向けた取組の徹底について（依頼）［文科省高等局長］/専修学校等における本年度及び次年度の各授業科目の実施方法に係る留意点について［文科省総合局生涯学習推進課］/飲食店等におけるクラスター発生の防止に向けた専門学校等における取組の徹底について（依頼）［文科省総合局長］
2020.7.31	新型コロナウイルス感染症対応休業支援金・給付金に関する学生等への周知について（依頼）［文科省高等局学生・留学生課他］
	第Ⅳ期 B（規制緩和期②）
2020.8.6	小学校、中学校及び高等学校等にかかる感染事例等を踏まえて今後求められる対策等について（通知）［文科省初中局長］/「学校における新型コロナウイルス感染症に関する衛生管理マニュアル～「学校の新しい生活様式」～」の改訂について［文科省初中局健康教育・食育課］
2020.8.11	教育職員免許法施行規則等の一部を改正する省令の施行について（通知）［文科省総合局長］/小学校及び中学校の教諭の普通免許状授与に係る教育職員免許法の特例等に関する法律施行規則の一部を改正する省令等の施行について（通知）［文科省総合局長］
2020.8.13	令和２年度から令和４年度までの間における小学校学習指導要領、中学校学習指導要領及び高等学校学習指導要領の特例を定める告示並びに特別支援学校小学部・中学部学習指導要領及び特別支援学校高等部学習指導要領の特例を定める告示について（通知）［文科省初中局長］
2020.8.25	９月１日以降における催物の開催制限等について［スポーツ庁政策課］
2020.8.28	令和２年度における大学・専門学校等の教職課程等の実施に関する Q&A の送付について（8 月 28 日時点）［文科省総合教育局教育人材政策課］
2020.8.31	新型コロナウイルス感染症の影響を踏まえた職業に関する教科の実習等に関する Q&A について（一部更新）［文科省初中局参事官（高等学校担当）付産業教育振興室］
2020.9.3	新型コロナウイルス感染症に関する衛生管理マニュアル～「学校の新しい生活様式」～（2020.9.3Ver.4）［文科省初中等局健康教育・食育課］/「学校における新型コロナウイルス感染症に関する衛生管理マニュアル～「学校の新しい生活様式」～」の改訂について［文科省初中等局健康教育・食育課］
2020.9.9	令和３年度大学入学者選抜におけるオンラインによる選抜実施について（依頼）［文科省高等局大学振興課大学入試室］
2020.9.14	11 月末までの催物の開催制限等について［スポーツ庁政策課］
2020.9.15	専門学校等における本年度後期等の授業の実施と新型コロナウイルス感染症の感染防止対策について（周知）［文科省総合局生涯学習推進課長］/大学等における本年度後期等の授業の実施と新型コロナウイルス感染症の感染防止対策について（周知）［文科省高等局長］
2020.9.25	修学旅行等における Go To トラベル事業の活用等について［文科省初中局児童生徒課、国交省観光庁参事官（旅行振興）］
2020.10.2	修学旅行等の実施に向けた最大限の配慮について［文科省初中局児童生徒課］
2020.10.5	外国人留学生の入国に関する対応について（依頼）［文科省高等局学生・留学生課留学生交流室］/外国人留学生の入国に関する対応について（依頼）［文部科学省高等教育局学生・留学生課留学生交流室］
2020.10.7	今年度の体育における学習活動の取扱いについて［スポーツ庁政策課学校体育室］/感染拡大の防止と研究活動の両立に向けたガイドライン（改訂）［文科省］

	文科省通知等の対応
2020.10.14	修学旅行等の学校行事におけるバスの利用について［文科省初中局児童生徒課］/令和３年３月新規高等学校等卒業者の就職・採用活動において資格・検定試験を活用する場合の配慮について（依頼）［文科省初中局長、厚労省人材開発統括官］
2020.10.30	令和３年度専門学校入学者選抜等における無症状の濃厚接触者の取扱いについて［文科省総合局生涯学習推進課］/令和３年度高等学校入学者選抜等における無症状の濃厚接触者の取扱いについて［文科省初中局児童生徒課他］
2020.11.6	新型コロナウイルス感染症対応休業支援金・給付金に関する学生等への周知について（依頼）［文科省高等局学生・留学生課他］
2020.11.19	大学等における新型コロナウイルス感染症対策の徹底について（周知）［文科省高等局高等教育企画課］
2020.12.1	新型コロナウイルス感染症対応休業支援金・給付金に関する学生等への周知について（依頼）［文科省高等局学生・留学生課他］
2020.12.3	「学校における新型コロナウイルス感染症に関する衛生管理マニュアル～「学校の新しい生活様式」～」の改訂について［文科省初中局健康教育・食育課］/学校における新型コロナウイルス感染症に関する衛生管理マニュアル～「学校の新しい生活様式」～（2020.12.3Ver.5）［文科省初中局健康教育・食育課］/「学校における新型コロナウイルス感染症に関する衛生管理マニュアル～「学校の新しい生活様式」～」の改訂について［文科省初中局健康教育・食育課］
2020.12.10	小学校、中学校、高等学校及び特別支援学校において合唱等を行う場面での新型コロナウイルス感染症対策の徹底について（通知）［文科学省初中局長他］
2020.12.18	新型コロナウイルス感染症に係る影響を受けた学生等に対する追加を含む経済的な支援及び学びの継続への取組に関する留意点について（依頼）［文科省高等局他］
2020.12.23	大学等における新型コロナウイルス感染症対策の徹底と学生の学修機会の確保について（周知）［文科省高等局長］
2021.1.5	小学校、中学校及び高等学校等における新型コロナウイルス感染症対策の徹底について（通知）［文科省初中局長他］/大学等における新型コロナウイルス感染症対策の徹底と学生の学修機会の確保について（周知）［文科省高等教育局長］/専門学校等における新型コロナウイルス感染症対策の徹底と生徒の学修機会の確保について（周知）［文部科学省総合教育政策局長］
	第Ⅴ期（規制強化期②）
2021.1.7	社会教育施設における新型コロナウイルス感染症対策の徹底について［文科省総合局地域学習課長］
2021.1.8	新型インフルエンザ等対策特別措置法に基づく緊急事態宣言を踏まえた小学校、中学校及び高等学校等における新型コロナウイルス感染症への対応に関する留意事項について（通知）［文科省初中局長他］/新型インフルエンザ等対策特別措置法に基づく緊急事態宣言を踏まえた大学等における新型コロナウイルス感染症への対応に関する留意事項について（周知）［文科省高等局長］/令和３年度専門学校入学者選抜における新型コロナウイルス感染症対策の徹底について（通知）［文科省総合局生涯学習課長］/新型インフルエンザ等対策特別措置法に基づく緊急事態宣言を踏まえた専門学校等における新型コロナウイルス感染症への対応に関する留意事項について（周知）［文科省総合局長］/緊急事態宣言下における安全な運動・スポーツの実施について［スポーツ庁健康スポーツ課］/新型コロナウイルス感染症のまん延防止のための取組について（通知）［文科省初中局初中企画課長］/緊急事態宣言の発出による地域学校協働活動の実施に関する留意点について［文科省総合局地域学習課地域学校協働活動推進室］/新型コロナウイルス感染症のまん延防止のための取組について（周知）［文科省高等局高等教育企画課］
2021.1.14	新型インフルエンザ等対策特別措置法に基づく緊急事態宣言の対象区域拡大を踏まえた、小学校、中学校及び高等学校等における新型コロナウイルス感染症対策の徹底について（通知）［文科省初中局長］/新型インフルエンザ等対策特別措置法に基づく緊急事態宣言の対象区域拡大を踏まえた大学等における新型コロナウイルス感染症への対応に関する留意事項について（周知）［文科省高等局長］/新型コロナウイルス感染症のまん延防止のための取組について（事務連絡）［文科省高等局私学部私学行政課］/新型コロナウイルス感染症のまん延防止のための取組について（周知）［文科省総合局生涯学習推進課］/新型インフルエンザ等対策特別措置法に基づく緊急事態宣言を踏まえた高等学校通信制課程の学習指導における新型コロナウイルス感染症への対応に関する留意事項について（通知）［文科省初中局参事官（高等学校担当）付］/新型インフルエンザ等対策特別措置法に基づく緊急事態宣言の対象区域拡大を踏まえた専門学校等における新型コロナウイルス感染症対策の徹底について（周知）［文科省総合局長］
2021.1.29	大学等における新型コロナウイルス感染症の感染拡大を防止するための取組の徹底について（周知）［文科省高等局長］/専門学校等における新型コロナウイルス感染症の感染拡大を防止するための取組の徹底について（周知）［文科省総合局長］
2021.2.1	新型コロナウイルスのワクチン接種会場に教育委員会等の所管する施設等を活用することについて（通知）［文科省総合局長他］
2021.2.5	新型インフルエンザ等対策特別措置法に基づく緊急事態宣言に伴う留意事項等について（周知）［文科省総合局生涯学習推進課］/年度末に向けて行われる行事等の留意事項等について［文科省初中局教育課程課］
2021.2.15	新型コロナウイルス感染症対策の基本的対処方針の変更について（周知）［文科省総合局生涯学習推進課］
2021.2.19	新型コロナウイルス感染症に対応した持続的な学校運営のためのガイドラインの改訂について（通知）［文科事務次官］/新型コロナウイルス感染症への対応を踏まえた2021年度卒業・修了予定者等の就職・採用活動に関する要請について（周知）［文科省高等局学生・留学生課］/新型コロナウイルス感染症への対応を踏まえた2021年度卒業・修了予定者等の就職・採用活動に関する要請について（周知）［文科省総合局生涯学習推進課］/感染症や災害等の非常時にやむを得ず学校に登校できない児童生徒に対する学習指導について（通知）［文科省初中局長］

注記：文部科学省＝文科省、初等中等教育局＝初中局、高等教育局＝高等局、総合教育政策局＝総合局、厚生労働省＝厚労省、農林水産省＝農水省
文科省 HP より抜粋

おわりに

現代のウイルス感染症は人間の社会生活と密接に結びつきながら感染を拡大していくという特徴を持っている。新型コロナウイルスのような新興ウイルス感染症は人類の歴史の中でたびたび登場していたと考えるのが自然である。交通網の発達していなかったころ、各国の人口密度が低かったころは、局地的な感染症として収まっていたに違いない。ウイルス感染症は人が移動して接触しなければ感染を拡大できないからである。このことは逆に、航空を含んだ交通網の発達、都市部への人口集中などが感染の拡がりを助けてしまっているといえる。さらに、数年後に新型コロナウイルス感染症が全世界的に終息を迎えたとしても、交通機関はさらに発展していくために次の新興ウイルス感染症はいともたやすく世界に広がっていくことは容易に想像できる。世界に飛び火したウイルスはその国で感染を拡大しなければならない。そのためには公共機関が重要な役割を果たすことになる。ウイルス側から見れば、人々が密集する場所は感染するチャンスとなるのだ。本書で取り上げた公共機関は教育、文化、娯楽などに関係する誰もが利用する場所である。新型コロナウイルス感染症ではこれらの公共機関の判断がその地域の感染状況に大きな影響を与えるといっても過言ではない。

本書ではコロナ禍に直面した各公共機関がどのように工夫して乗り切ったかを専門家に詳細に語っていただいた。本書は新型コロナウイルス感染症を振り返るだけではなく、次の感染症に備えるための情報を提供するという一面を持っている。次に新興ウイルス感染症が発生したときには本書を再読していただければ、感染症の対策として役に立つことができるはずである。

急な依頼にもかかわらず快く出版の労をとっていただいた筑波書房の鶴見治彦社長に心から感謝したい。

（水谷 哲也）

◆執筆者紹介◆

編者 / 序章

水谷 哲也（みずたに・てつや）

東京農工大学農学研究院教授、東京農工大学感染症未来疫学研究センター長

編者 / 監修者 / 第１章 / 終章

朝岡 幸彦（あさおか・ゆきひこ）

東京農工大学農学研究院教授、（一般社団法人）日本環境教育学会会長（代表理事）

序章

古谷 哲也（ふるや・てつや）

東京農工大学農学研究院准教授

序章

佐藤 葉子（さとう・ようこ）

東京農工大学感染症未来疫学研究センター・コーディネーター

第１章 / 第３章

岩松 真紀（いわまつ・まき）

明治大学非常勤講師

第２章 / 第７章

秦　範子（はた・のりこ）

早稲田大学非常勤講師、日本環境教育学会COVID-19PT事務局長

第３章

伊東 静一（いとう・せいいち）

東京学芸大学非常勤講師

第３章

菊池　稔（きくち・みのる）

大東文化大学非常勤講師

第４章

石山雄貴（いしやま・ゆうき）

鳥取大学地域学部講師

第５章 / 第６章
田開 寛太郎（たびらき・かんたろう）
松本大学総合経営学部講師

第５章 / 第６章
河村 幸子（かわむら・さちこ）
了徳寺大学非常勤講師

第６章
小山 こまち（こやま・こまち）
東京農工大学大学院

第７章
稲木 瑞来（いなぎ・みずき）
東京農工大学大学院

第７章
加藤 超大（かとう・たつひろ）
（公益社団法人）日本環境教育フォーラム事務局長

第７章
増田 直広（ますだ・なおひろ）
鶴見大学短期大学部講師、日本環境教育学会事務局長

終章
三浦 巧也（みうら・たくや）
東京農工大学工学研究院准教授

監修者 / 終章
阿部　治（あべ・おさむ）
日本環境教育学会研究委員長（COVID-19PT代表）、元立教大学教授、元日本環境教育学会会長

協力者
高畠駿、小松薫、福永百合、大沼祐里、藤田捷太郎、今井啓博、李聡

持続可能な社会のための環境教育シリーズ〔9〕
学校一斉休校は正しかったのか？
―検証・新型コロナと教育―

定価はカバーに表示してあります

2021年5月20日　第1版第1刷発行

監　修　阿部 治／朝岡 幸彦
編著者　水谷 哲也／朝岡 幸彦
発行者　鶴見治彦
筑波書房
東京都新宿区神楽坂2-19　銀鈴会館　〒162-0825
電話03（3267）8599　www.tsukuba-shobo.co.jp

印刷/製本　平河工業社
ISBN978-4-8119-0600-3 C3037